한권 한달 완성
프랑스어 말하기

Lv. 1

**한권 한달 완성
프랑스어 말하기 Lv. 1**

초판 1쇄 발행 2025년 11월 28일

지은이 노민주(주미에르)
펴낸곳 (주)에스제이더블유인터내셔널
펴낸이 양홍걸 이시원

홈페이지 www.siwonschool.com
주소 서울시 영등포구 영신로 166 시원스쿨
교재 구입 문의 02)2014-8151
고객센터 02)6409-0878

ISBN 979-11-7550-030-3 13760
Number 1-520404-31319920-08

이 책은 저작권법에 따라 보호받는 저작물이므로 무단복제와 무단전재를 금합니다. 이 책 내용의 전부 또는 일부를 이용하려면 반드시 저작권자와 ㈜에스제이더블유인터내셔널의 서면 동의를 받아야 합니다.

한권 한달 완성
프랑스어 말하기 Lv. 1

노민주(주미에르) 지음

시원스쿨닷컴

머리말

안녕하세요.
시원스쿨 프랑스어 강사
노민주(주미에르)입니다.

하나의 언어를 배운다는 것은 참 어려운 일인 것 같습니다. 왜 어려운 것인지 생각해 보았는데요. 아는 것과 말하는 것의 간극, 잘하고 싶은 마음과 실제 내 입에서 나오는 말 사이의 간극. 결국 자연스럽게 말하기까지의 과정이 멀고도 먼 미래같이 느껴지는 것이 한 몫 하지 않을까 싶습니다. 그래서 이 책은 '머리로 아는 프랑스어'가 '입에서 나오는 프랑스어'가 되기까지의 다리를 놓기 위해 만들어졌습니다.

『한권 한달 완성 프랑스어 말하기』는 프랑스어를 처음 배우는 분들이 직접 문장을 만들어 볼 수 있도록 꼭 필요한 문법과 표현을 담았습니다. 프랑스어의 특징 중 하나는 하나의 동사가 여러 뜻을 품고 있다는 점인데요. 따라서 이 책에서는 동사 하나와 한국어 뜻 하나를 단순히 대응시키는 직역식 공부가 아닌, 하나의 표현으로 다양한 의미와 뉘앙스를 전하는 방법을 알려 드리고자 했습니다. 또한, 문법의 개념을 쉽고 자연스럽게 이해하실 수 있도록, 제 많은 고민을 여기에 쏟았습니다. 어려운 용어는 쉽게 풀어 드리고, 설명 사이에 빈 공간이 없도록 하나하나 세심히 짚어 드렸습니다.

Lv. 1의 Préparation 01~08에서 다루는 파닉스 부분에서는 프랑스어 발음을 '소리'를 기준으로 구강 모음, 비모음, 반모음 등으로 분류했습니다. 철자 그 자체보다는 발음의 원리를 먼저 체득할 수 있도록 구성해, 비슷한 소리끼리의 규칙성을 자연스럽게 인식할 수 있습니다.

또한 도서 전반에서는 이미 배웠던 내용이라고 해서 당연하듯 넘기지 않고, 그 규칙에 익숙해

질 때까지 반복해서 중요한 내용들을 짚어 드리고 있습니다. Lv. 2에서는 Lv. 1에서 배웠던 것을 다른 방식으로 '활용'하는 방법을 배웁니다. 또한 Lv. 2에서는 새로운 규칙을 많이 배우게 되는데요. Lv. 1에서 배운 어휘를 그대로 활용해 문장 속에서 더 풍부하게 쓰는 방법을 배우는 데 초점을 맞추었습니다. Lv. 1 학습을 완료하면 Lv. 2에서는 부담 없이 새로운 내용에 집중하며 알고 있는 표현들을 확장할 수 있도록 구성했습니다.

프랑스어가 어렵게 느껴지는 이유 중 하나는 문법에 다양한 규칙이 존재하고, 또 그에 대한 예외도 많기 때문입니다. 이런 규칙을 모두 암기하려 하면 끝이 없고, 실제로 완벽히 외우는 것도 불가능에 가깝습니다. 문법은 '실용'을 위해 존재합니다. 규칙의 형태를 외우기보다 그 규칙을 활용한 문장들을 만들고, 소리 내어 발음해 보세요. 그리고 반복해 보세요. 그렇게 하다 보면 우리도 모르는 사이에 말의 통계를 스스로 찾아내며, 문법과 규칙을 자연스럽게 '습득'하게 될 것입니다. 이때 가장 중요한 것은, 입 밖으로 말해 보는 연습입니다.

저 역시 성인이 되어 프랑스어 알파벳부터 배웠기에 여러분들이 어떤 부분에서 어려워하실지, 어떤 점이 답답하실지를 잘 알고 있습니다. 분명한 것은, 어려운 것도 배우고 나면 결국 '내 것이 된다'는 사실입니다. 그때는 더 이상 어려운 것이 아니죠. 사람마다 속도가 다르기에 조금 느려도 괜찮습니다. 완독을 목표로, 한 걸음씩 성장하는 것을 목표로 공부하시면 좋겠습니다.

한 권의 책이 세상에 나오기까지 많은 분들의 노고가 담긴다는 것을 늘 느끼고 있습니다. 이 책 또한 시원스쿨의 여러 직원 분들과 함께 만들어 온 결과물입니다. 여러분들이 쉽고 재밌게 공부하시길 바라는 마음으로 작은 부분까지 함께 고민하며 알차고 이해하기 쉬운 책으로 완성했습니다.

프랑스어 배움을 시작하신 여러분들을 진심으로 응원합니다.

Bon courage et bonne continuation !

노민주(주미에르)

이 책의 구성과 특징

오늘의 주제
해당 Leçon에서 배우게 될 내용을 오늘의 목표를 통해 먼저 확인하면서 프랑스어 학습을 준비해 볼까요?

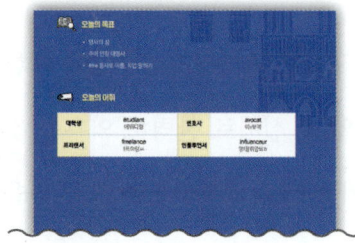

오늘의 어휘
해당 Leçon 학습에 앞서 왕초보 단계에서 꼭 알아야 할 필수 단어들을 먼저 배워 보세요. QR 코드를 통해 음원을 들으며 각 단어의 발음을 정확히 익힌 뒤, 큰 소리로 여러 번 따라 읽으며 자연스럽게 입에 익혀 보세요.

오늘의 핵심 내용
프랑스어 문법, 어렵지 않아요! 각 Leçon에서는 보기 쉽게 정리된 표와 다양한 예문으로 필수 문법을 익힐 수 있어요. 헷갈리기 쉬운 부분과 추가적으로 알아야 할 내용은 ATTENTION! 에서 한 번 더 짚어 드려요.

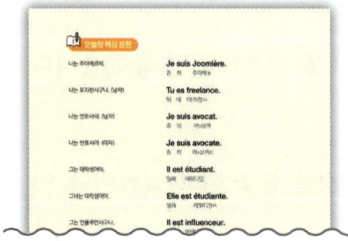

오늘의 핵심 표현
각 Leçon의 주요 문형이 적용된 다양한 예문으로 프랑스어를 연습해 보세요. 원어민 성우의 음성을 듣고 따라 읽다 보면 어느새 프랑스어 기초 문형을 자연스럽게 마스터하게 될 거예요.

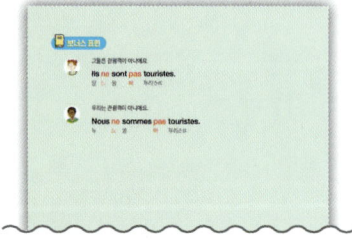

보너스 표현
오늘의 핵심 내용과 오늘의 핵심 표현에서 배운 문형과 표현에서 한 걸음 더 나아가 볼까요? 조금 더 풍부한 표현을 통해 프랑스어 실력을 한층 더 업그레이드 할 수 있어요.

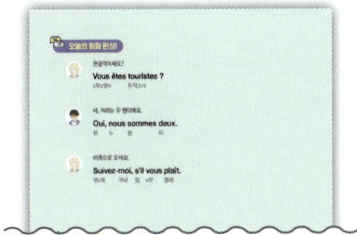

오늘의 회화 완성!
기초 회화 실력을 쌓을 수 있는 대화문으로 각 Leçon의 핵심 문장을 자연스럽게 익혀 보세요. 자주 쓰이는 표현으로 실제 상황에서 사용할 수 있는 실용적인 프랑스어 표현을 연습할 수 있어요.

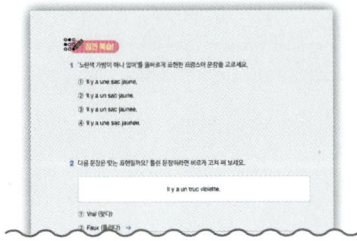

잠깐 복습!
각 Leçon에서 배운 내용에 대한 이해도를 점검하는 연습 문제를 제공합니다. 제시된 문제에 적절한 답을 찾는 과정을 통해 스스로 얼마나 완벽하게 학습 내용을 이해했는지 확인해 보세요.

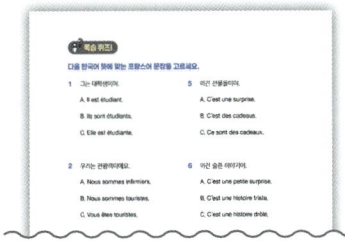

복습 퀴즈!
앞서 학습한 내용을 종합적으로 복습하면서, 얼마나 잘 이해했는지 확인할 수 있는 문제를 제공합니다. 어렵게 생각하지 마세요! 놓친 부분이 있다면 다시 한번 돌아가서 복습해도 괜찮아요. 자신 있게 도전해 보세요.

원어민 성우 음원 제공
원어민 성우의 정확한 발음을 듣고 따라 하며 본 교재의 내용을 반복 연습할 수 있도록 음원을 QR 코드를 통해 제공합니다.

필수 문장 쓰기 노트, 필수 동사 변화표
본 교재에서 다룬 필수 문장과 필수 동사 변화표를 PDF로 제공합니다. 배운 내용을 PDF로 복습하면서 프랑스어 실력을 탄탄하게 다져 보세요.

저자 직강 동영상 강의
독학을 위한 저자 유료 동영상 강의를 제공합니다. 동영상 강의는 france.siwonschool.com 에서 확인하세요.

차례

- 머리말 ... 4
- 이 책의 구성과 특징 ... 6

PRÉPARATION 01   안녕하세요! **Bonjour !** ... 12
프랑스어 알파벳(Alphabet)

PRÉPARATION 02   안녕! **Salut !** ... 14
프랑스어 모음 A, E, I, O, U, Y | 프랑스어 accent 알아보기

PRÉPARATION 03   잘 가! **Au revoir !** ... 16
프랑스어 구강 모음

PRÉPARATION 04   건배! **Santé !** ... 18
프랑스어 비모음

PRÉPARATION 05   왜? **Pourquoi ?** ... 20
프랑스어 반모음

PRÉPARATION 06   잘 지내? **Ça va ?** ... 21
여러 소리가 나는 자음들

PRÉPARATION 07   반가워요. **Enchanté(e).** ... 26
프랑스어의 특별한 철자 조합

PRÉPARATION 08   아주 중요해! **Très important !** ... 28
프랑스어 연음

PRÉPARATION 09   안녕하세요! 잘 지내세요? **Bonjour ! Comment ça va ?** ... 31
인사와 안부 표현

PRÉPARATION 10   축하해요! **Félicitations !** ... 33
감사/사과/축하 표현하기

LEÇON 01 나는 프리랜서야. 너는? **Je suis freelance. Et toi ?** 36
명사의 성 | 주어 인칭 대명사 | être 동사로 이름, 직업 말하기

LEÇON 02 우리는 대학생이야. **Nous sommes étudiants.** 42
명사의 수 일치 | 복수형 주어 인칭 대명사 | être 동사의 복수 인칭 변화

LEÇON 03 너는 항상 바쁘니? **Tu es toujours occupé ?** 48
형용사로 감정, 기분 말하기 | 형용사의 성·수 일치 | 억양 의문문

LEÇON 04 쉬워. 근데 어려워. **C'est facile. Mais c'est difficile.** 54
C'est로 자연스럽게 말문 열기 | 형용사 활용하기 | 부정문

LEÇON 05 이야기야. **C'est une histoire.** 60
부정 관사 | C'est로 가리키고 소개하기 | Ce sont + 복수 명사

LEÇON 06 슬픈 이야기야. **C'est une histoire triste.** 66
형용사 | 명사에 대한 형용사의 성·수 일치

LEÇON 07 완전히 서프라이즈네! **Quelle surprise !** 72
감탄문 | 앞에서 꾸며 주는 형용사 | 성격과 특징 표현하기

LEÇON 08 나는 고양이 한 마리가 있어. **J'ai un chat.** 78
avoir 동사의 현재 시제 동사 변화 | avoir 동사를 활용해 소유 말하기 | avoir 동사를 활용해 형제 관계 말하기

LEÇON 09 배고프다. 피자 먹고 싶다. **J'ai faim. J'ai envie de pizza.** 84
avoir 동사로 신체 상태 표현하기 | avoir 동사로 '원하다' 표현하기 | avoir 동사로 '필요하다' 표현하기

LEÇON 10 핸드폰 어디에 있지? **Où est mon portable ?** 90
avoir 동사 용법: ~가 있다 | 위치와 존재를 나타내는 il y a | 색깔 형용사

LEÇON 11 1~10강 복습 **Révision** 96

LEÇON 12 나는 파란색 셔츠에 빨간색 가방을 메고 있어. 102
Je porte une chemise bleue et un sac rouge.
porter 동사의 현재 시제 동사 변화 | 프랑스어 동사의 분류와 1군 동사의 규칙 | 색깔 형용사 활용하여 옷차림 표현하기

LEÇON 13 나 빵 좋아해. **J'aime le pain.** 108
aimer 동사의 현재 시제 동사 변화 | 정관사 | 취향과 기호 표현하기

LEÇON 14 내 스타일이야. **C'est mon truc.** 114
aimer 동사 + 동사 원형 | 취향을 나타내는 다양한 구어 표현 | 지시 형용사

LEÇON 15 너는 파리에 사는구나. **Tu habites à Paris.** 120
도시 이름 | habiter 동사의 현재 시제 동사 변화 | 나는 어느 도시에 살고 있는지 표현하기

LEÇON 16 오늘도 출근합니다. **Je vais au travail aujourd'hui.** 126
aller 동사의 현재 시제 동사 변화 | ~에 가다: aller à | 축약 관사 (à + 정관사)

LEÇON 17 내일 뭐 할 거야? **Tu vas faire quoi demain ?** 132
시간 표현 | 국가명 | 가까운 미래 표현: aller 동사 현재 시제 + 동사 원형

LEÇON 18 회사에서 오는 길이야. **Je viens du travail.** 138
venir 동사의 현재 시제 동사 변화 | 어디에서 오는지와 출신지 표현하기 | 축약 관사 (de + 정관사)

LEÇON 19 나 방금 출발했어. **Je viens de partir.** 144
시간 표현 | 전치사 il y a | 근접 과거: venir 동사 현재 시제 + de + 동사 원형

LEÇON 20 나 일하는 중이야. **Je suis en train de travailler.** 150
현재 진행형: être en train de + 동사 원형 | 다양한 동사들 | 지금 하고 있는 것에 대해 표현하기

LEÇON 21 12~20강 복습 **Révision** 156

LEÇON 22 조금만 먹을 거야. **Je vais manger un peu.** 162
부분 관사 | manger 동사의 현재 시제 동사 변화 | manger 동사와 부분 관사를 함께 활용하기

LEÇON 23 나는 커피 안 마셔. **Je ne bois pas de café.** 168
boire 동사의 현재 시제 동사 변화 | 부정문의 de | boire 동사

LEÇON 24 나는 빵오쇼콜라 하나를 먹는다. **Je mange un pain au chocolat.** 174
'à + 정관사' 축약 복습 | 음식의 재료와 맛까지 표현하기 | 부정 관사와 부분 관사 활용해서 음식 말하기

| LEÇON 25 | 난 이거 원해! **Je veux ça !** | 180 |

vouloir 동사의 현재 시제 동사 변화 | 원하는 것에 대해 표현하기

| LEÇON 26 | 나는 요즘 나가고 싶어. **Je veux sortir en ce moment.** | 186 |

vouloir 동사 + 동사 원형 | 원하는 것에 대해 표현하기

| LEÇON 27 | 입어 봐도 될까요? **Je peux essayer ?** | 192 |

pouvoir 동사의 현재 시제 동사 변화 | 간단한 부탁 표현

| LEÇON 28 | 숙제해야 해. **Je dois faire les devoirs.** | 198 |

devoir 동사의 현재 시제 동사 변화 | 해야 하는 것에 대해 표현하기

| LEÇON 29 | 22~28강 복습 **Révision** | 204 |

| LEÇON 30 | 나 버스 타. **Je prends le bus.** | 210 |

prendre 동사의 현재 시제 동사 변화 | prendre 동사의 다양한 쓰임

| LEÇON 31 | 얼마나 걸려요? **Ça prend combien de temps ?** | 216 |

소요 시간 묻고 답하기 | 거리 표현하기

| LEÇON 32 | 정말 좋아해. **J'adore ça.** | 222 |

adorer 동사의 현재 시제 동사 변화 | 명사와 동사 원형 활용 | 소유 형용사

| LEÇON 33 | 나 늦게 끝나. **Je finis tard.** | 230 |

finir 동사의 현재 시제 동사 변화 | 2군 동사 규칙 | 시간 표현하기

| LEÇON 34 | 내 가방 여기에 둘게. **Je mets mon sac ici.** | 236 |

mettre 동사의 현재 시제 동사 변화 | 3군 동사 전체 복습 | 남성 제2형 형용사

| LEÇON 35 | 30~34강 복습 **Révision** | 244 |

잠깐 복습! 정답 250

PRÉPARATION 01

안녕하세요!
Bonjour !

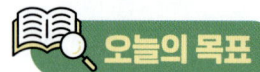 오늘의 목표

- 프랑스어 알파벳(Alphabet)
  ① 입을 크게 움직여, 많이 발음해 보는 것이 목표!
  ② 한글 독음은 거들 뿐! 약간의 감을 위한 가이드!

 오늘의 핵심 내용

프랑스어 알파벳

A	B	C	D	E	F	G
아	베	쎄	데	으	에f프	줴
H	I	J	K	L	M	N
아쉬	이	쥐	꺄	엘	엠	엔
O	P	Q	R	S	T	U
오	뻬	뀌	에흐	에쓰	떼	위
V	W	X	Y	Z		
v베	두블르v베	익쓰	이그헥	제드		

프랑스어 알파벳 발음

A	B	C	D	E	F	G
아	베	쎄	데	으	에f프	쥬
salade	**b**onjour	**c**iel	**d**imanche	**d**emain	**f**acile	**g**ym
쌀라드	봉쥬ㅎ	씨엘	디멍슈	드망	f파씰	쥠
샐러드	안녕하세요	하늘	일요일	내일	쉬운	체육관

H	I	J	K	L	M	N
아쉬	이	쥐	꺄	엘	엠	엔
hôtel	**m**i**d**i	**j**oli	**k**ilo	**l**ivre	**m**a**m**an	**n**on
오뗄	미디	졸리	낄로	리v브ㅎ	마멍	농
호텔	정오	예쁜	킬로그램	책	엄마	아니/아니요

O	P	Q	R	S	T	U
오	뻬	뀌	에흐	에쓰	떼	위
m**o**t	**p**apa	mu**s**i**q**ue	**r**ose	bon**s**oir	**t**oujours	**l**une
모	빠빠	뮈z지끄	호즈	봉쑤아ㅎ	뚜쥬ㅎ	륀ㄴ
단어	아빠	음악	장미	안녕하세요 (저녁 인사)	항상	달

V	W	X	Y	Z
v베	두블르v베	이쓰	이그헥	제드
voilà	**w**eekend	ta**x**i	l**y**cée	**z**éro
v부알라	위껜드	딱씨	리쎄	z제호
자/여기 있습니다	주말	택시	고등학교	0

> **오늘의 회화 표현**
> 안녕! **Coucou !**
> 꾸꾸

PRÉPARATION 02
안녕! Salut !

 오늘의 목표

- 프랑스어 모음 A, E, I, O, U, Y
- 프랑스어 accent 알아보기

 오늘의 핵심 내용

프랑스어 알파벳

a 아	**b**an**a**ne 바나나 바난느	**cha**t 고양이 샤
e 으	r**e**pas 식사 흐빠	m**e**nu 메뉴, 정식 므뉘
i 이	v**i**te 빨리 v비뜨	**i**dée 아이디어 이데
o 오	ch**o**colat 초콜릿 쇼꼴라	ph**o**to 사진 f포또
u 위	j**u**s 주스 쥐	s**u**per 최고의 쒸뻬ㅎ

✅ **ATTENTION !** 프랑스어에서 마지막 자음은 발음되지 않는 경우가 많아요. u는 입술을 움직이지 않고 발음해요.

y 이그헥	**y**oga 요가 요가	vo**y**age 여행 v부아야쥬

✅ **ATTENTION !** y = i + i | voyage = voi + iage

프랑스어 악썽(accent)

프랑스어에서 accent은 한정된 알파벳으로 더 많은 단어를 만들기 위해서 사용해요. accent이 다르면 다른 단어가 될 수 있으니 주의하세요. 단어를 학습할 때 accent과 함께 익혀 두면 좋아요.

ou 또는 vs **où** 어디(에)
우   우

프랑스어 악썽의 종류

Accent aigu 악썽떼귀	é	**café** 커피 꺄f페	**été** 여름 에떼
Accent grave 악썽 그하브	à è ù	**père** 아버지 뻬ㅎ **à demain** 내일 봐요 아 드망	**crème** 크림 크헴ㅁ **où** 어디(에) 우
Accent circonflexe 악썽 씨흐꽁f플렉스	â ê î ô û	**forêt** 숲 f포헤	**fête** 축제 f페뜨
tréma 트헤마	ë ï ü	**Noël** 크리스마스 노엘	**maïs** 옥수수 마이스

✓ ATTENTION ! 트헤마(¨)가 있을 경우 같이 나오는 모음과 따로 발음해요.

cédille 쎄디유	ç	**garçon** 소년 갸쏭	**français** 프랑스어, 프랑스의 f프헝쎄

오늘의 회화 표현
좋은 하루 보내세요! **Bonne journée !**
본ㄴ 쥬흐네

PRÉPARATION 03 — 잘 가! Au revoir !

- 프랑스어 구강 모음

프랑스어 구강 모음 발음

▶ [에]로 발음되는 경우 (1)

프랑스어에는 [에]라는 발음이 많이 존재해요. 우선 첫 번째로, e 위에 악썽(accent)이 있으면 그 e를 [에]로 발음해요. é는 입을 조금만 벌린 [에]와 가깝고, è, ê, ë는 입을 조금 더 벌린 [애]와 가깝지만, 실제로 발음할 때는 큰 차이가 없어요.

é è ê ë	**été** 여름 에떼	**célèbre** 유명한 쎌레브ㅎ
	être ~이다 (be 동사) 에트ㅎ	**mère** 어머니 메ㅎ

▶ [에]로 발음되는 경우 (2)

e 위에 악썽(accent)이 없더라도 [에]로 발음되는 경우가 있어요. e 뒤에 자음이 연달아서 두 개 올 때, 그리고 e 뒤의 자음이 그 단어의 마지막 자음일 때, 그 e를 [에]로 발음해요.

e	**elle** 그녀 엘	**chez** ~의 집에서 쉐

ATTENTION ! 프랑스어에서 ch는 영어의 sh처럼 발음해요. 바람 소리가 나는 [슈] 발음이죠. chez는 이 발음에 [에] 발음이 더해져 [쉐]가 되었어요.

▶ [에]로 발음되는 경우 (3)

또한, ai와 ei 모두 [에]로 발음해요.

ai ei	lait 우유	neige 눈
	레	네쥬

▶ [오]로 발음되는 경우

단어 속에서 au와 eau를 만나면 [오]로 발음하세요. 우리말의 [오] 발음과 아주 유사해요.

au eau	chaud 뜨거운	beau 아름다운
	쇼	보

▶ [우]로 발음되는 경우

ou 소리는 입술을 앞으로 내밀며 발음해요. 우리말의 [우] 소리와 아주 유사해요.

ou	rouge 빨간색의	où 어디(에)
	후쥬	우

▶ [외] /œ/로 발음되는 경우

발음 기호 /œ/와 /ø/는 한국어에서는 주로 [외]로 표기되는데, 정확한 발음 방법은 입을 동그랗게 모은 상태에서 가볍게 [외] 소리를 내는 거예요. 이때 입을 움직이지 않는 것이 포인트예요. /œ/ 발음은 /ø/보다 입이 조금 더 벌어져요.

eu œu	fleur 꽃	œuf 달걀
	f플뢰ㅎ / œ	외f / œ

▶ [외] /ø/로 발음되는 경우

/ø/도 마찬가지로 [외]로 표기해요. /œ/보다는 입을 더 작게 벌리고 발음해요. 마찬가지로 실제 발음에서는 큰 차이가 없어요.

eu œu	feu 불	œufs 달걀들
	f푀 / ø	외 / ø

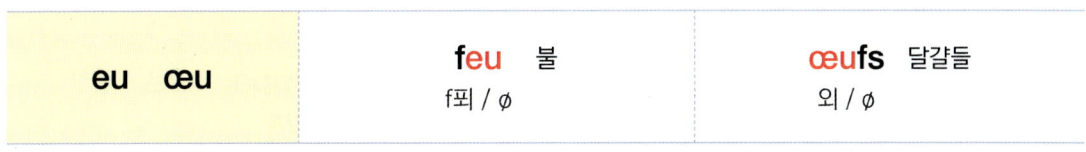

오늘의 회화 표현

부탁합니다. **S'il vous plaît.**
씰 v부 쁠레

PRÉPARATION 04

건배!
Santé !

음원바로듣기

- 프랑스어 비모음

프랑스어 비모음 발음

▶ [엉]으로 발음하는 경우

프랑스어에는 [엉]으로 발음하는 모음의 조합들도 많아요. en, em, an, am 모두 [엉]으로 발음하며 콧소리가 나는 비모음이에요. 처음부터 콧소리를 내는 것이 어렵다면 우선은 간단하게 [엉]으로 발음해도 괜찮아요.

en em an am	enfant 어린이 엉f펑	temps 시간 떵
	grand 큰 그헝	chambre 방 셩브ㅎ

▶ [앙]으로 발음하는 경우 (1)

[앙]으로 발음하는 모음의 조합들도 많아요. in, im, ain, ym뿐만 아니라 aim까지 모두 [앙]으로 발음해요.

in im ain ym	vin 와인 v방	important 중요한 앙뽁떵
	pain 빵 빵	sympa 괜찮은, 친절한 쌍빠

▶ **[앙]으로 발음하는 경우 (2): en이 단어 끝에 올 때**

en은 첫 번째 [엉] 소리에서 배웠죠. 그런데 en이 단어 끝에 위치할 땐 [앙]으로 발음해요. '한국어'라는 뜻의 단어 coréen도 en이 단어 끝에 위치하니 꼭 알아 두어야겠죠?

-en	coréen 한국어, 한국의 꼬헤앙	rien 아무것도 아닌 (것) 히앙
	parisien 파리의, 파리 사람 빠히z지앙	examen 시험 에그z자망

▶ **[앙]으로 발음하는 경우 (3)**

un과 um도 [앙]으로 발음해요. 앞서 설명한 in, im 등과 따로 분류한 이유는 발음 기호에 약간의 차이가 있기 때문이에요. 그러나 실제로 발음 시에 거의 차이가 없기 때문에 똑같이 모두 [앙]으로 발음해도 좋아요.

un um	lundi 월요일 랑디	parfum 향수 빡팡
	brun 갈색의 브항	humble 겸손한 앙블ㄹ

▶ **[옹]으로 발음하는 경우**

on과 om은 모두 [옹]으로 발음해요. 마찬가지로 콧소리가 나는 비모음이에요. 그러나 처음부터 콧소리를 내기 어렵다면 가볍게 [옹]으로 발음해도 좋아요.

on om	bon 좋은, 맛있는 봉	bombe 폭탄 봉브
	leçon 수업 르쏭	nombre 번호 농브ㅎ

> **오늘의 회화 표현**
>
> 미안해요. / 실례합니다. **Pardon.**
> 빠흐동

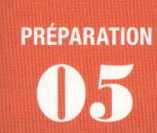

PRÉPARATION 05

왜? Pourquoi ?

음원바로 듣기

오늘의 목표

- 프랑스어 반모음

오늘의 핵심 내용

프랑스어 반모음

프랑스어 반모음은 어떤 모음이 다른 모음과 결합되어 완전한 모음의 소리를 갖지 않을 때, 혹은 모음의 소리가 빠르고 짧게 지나갈 때 나타나는 발음이에요.

프랑스어 반모음 발음

▶ 빠르게 [우아]로 발음하는 경우

oi	**toi**lettes 화장실 뚜알렛뜨	**boi**sson 음료 부아쏭

▶ 빠르게 [이으(이유)]로 발음하는 경우

-il -ill(e)	sole**il** 태양 쏠레이으	f**ille** 소녀 f피으

▶ [위] 소리가 짧게 지나가는 경우

u + 모음	l**ui** 그(녀)에게 뤼	n**ua**ge 구름 뉘야쥬

> **오늘의 회화 표현**
>
> 나도. **Moi aussi.**
> 무아 오씨

PRÉPARATION 06

잘 지내? Ça va ?

음원바로 듣기

- 여러 소리가 나는 자음들

프랑스어 자음 발음 (1)

프랑스어의 p, t, c, s는 기본적으로 된소리로 발음해요. ➡ [ㅃ/ㄸ/ㄲ/ㅆ]

p	**p**apier 종이 빠삐예	**p**ied 발 삐예
	porte 문 뽁뜨	**p**omme 사과 뽐므
t	**t**élé 텔레비전 뗄레	**t**ôt 일찍 또
	temps 시간 떵	pe**t**it 작은 쁘띠
c	**c**afé 커피, 카페 꺄f페	**c**ousin 사촌 꾸z장
	é**c**ole 학교 에꼴	**c**ourage 용기 꾸하쥬
s	**s**oleil 태양 쏠레이으	po**ss**ible 가능한 뽀씨블르
	sœur 자매 쐬ㅎ	**s**oir 저녁 쑤아ㅎ

프랑스어 자음 발음 (2)

프랑스어의 p, t, c 뒤에 r가 오면 소리가 약해져요. ➡ [프ㅎ/트ㅎ/크ㅎ]

pr	**pr**oblème 문제 프호블렘ㅁ	**pr**ix 가격 프히
	propre 깨끗한 프호프ㅎ	**pr**ojet 계획 프호줴
tr	**tr**ain 기차 트항	**tr**ès 아주 트헤
	travail 일 트하v바이	au**tr**e 다른 오트ㅎ
cr	**cr**oissant 크루아상 크후아썽	**cr**ème 크림 크헴ㅁ
	crayon 연필 크헤용	**cr**ier 외치다 크히예

프랑스어 자음 발음 (3)

▶ c가 [ㄲ]로 발음되는 경우: c + a, o, u ➡ [꺄/꼬/뀌]

c 뒤에 모음 a, o, u가 바로 오면 그 c는 [ㄲ]로 발음돼요. 그래서 ca, co, cu는 각각 [꺄, 꼬, 뀌]로 발음해요. ca의 경우는 [까]와 [꺄]의 중간 발음이지만, 어려우면 [꺄]로 발음해도 좋아요.

c + a, o, u	**ca**rte 카드 꺅뜨	**cu**lture 문화 뀔뛰ㅎ
	corps 몸 꼬ㅎ	**co**llègue 동료 꼴레ㄱ

▶ **c가 [ㅆ]로 발음되는 경우: c + e, i, y와 ç**

c 뒤에 모음 e, i, y이 바로 오면 그 c는 [ㅆ]와 같은 소리가 나요. 뿐만 아니라 악썽(accent) 쎄디유 (cédille)가 있는 ç도 [ㅆ]로 발음해요.

c + e, i, y	ciel 하늘 씨엘	cela 이것, 저것, 그것 쓸라
	cycle 주기 씨끌르	cinéma 영화관 씨네마
ç	garçon 소년 갹쏭	ça 이것, 저것, 그것 싸
	français 프랑스어, 프랑스의 f프헝쎄	façon 방법 f파쏭

프랑스어 자음 발음 (4)

▶ **g가 [ㄱ]로 발음되는 경우: g + a, o, u**

g 뒤에 모음 a, o, u가 바로 오면 그 g는 [ㄱ] 소리가 나요. ga는 [가]와 [갸]의 중간에 있는 소리가 나는 데, 마찬가지로 어렵다면 [갸]로 소리 내도 좋아요.

g + a, o, u	gare 기차역 갸ㅎ	goût 맛 구
	gâteau 케이크 갸또	guitare 기타 기따ㅎ

▶ **g가 [ㅈ]로 발음되는 경우: g + e, i, y**

g 뒤에 모음 e, i, y이 바로 오면 그 g는 [ㅈ] 소리가 나요. 하지만 우리의 [ㅈ]과는 조금 달라요. /ʒ/ 발음 기호를 사용합니다.

g + e, i, y	génial 훌륭한 제니알	gilet 카디건 쥘레
	gymnase 체육관 쥠나zㅈ	âge 나이 아쥬

프랑스어 자음 발음 (5)

프랑스어의 s는 기본적으로 [ㅆ]로 발음하고, 모음과 모음 사이에 오면 [zㅈ]로 발음해요.

▶ **s 가 [zㅈ]로 발음되는 경우: 모음 + s + 모음**

모음 + s + 모음	maison 집 메z종	rose 장미 호zㅈ
	poison 독 뿌아z종	oiseau 새 우아z조

프랑스어 자음 발음 (6)

프랑스어의 x는 기본적으로 [ㅆ]로 발음하고, 'e + x + 모음'일 경우 [ㄱㅈ(gz)]로 발음해요.

▶ x는 기본 [ㅆ]로 발음

x	taxi 택시 딱씨	excellent 훌륭한 엑쎌렁
	texte 글, 텍스트 떽쓰뜨	expérience 경험 엑쓰뻬히엉쓰

▶ x가 [ㄱㅈ(gz)]로 발음되는 경우: e + x + 모음

e + x + 모음	exemple 예시 에그z정쁠르	examen 시험 에그z자망
	exister 존재하다 에그z지스떼	exercice 운동, 연습 에그z젝씨ㅅ

끝에 있어도 소리가 나는 자음들

프랑스어에서 단어의 마지막 자음은 대부분 발음되지 않지만, c, r, f, l, q는 발음하는 경우도 많아요.

sac 가방 싹ㄲ	super 최고의 쒸뻬ㅎ	ciel 하늘 씨엘
bœuf 소고기 뵈f	coq 수탉 꼬ㄲ	cinq 5 쌍ㄲ

오늘의 회화 표현

미안해요. **Désolé(e).**
데z졸레

PRÉPARATION 07

반가워요.
Enchanté(e).

 오늘의 목표

- 프랑스어의 특별한 철자 조합

 오늘의 핵심 내용

프랑스어 복합 자음 발음

▶ **ch**: 영어의 sh[슈]로 발음

ch	chat 고양이 샤	chanson 노래 셩쏭
	chien 강아지 쉬앙	chaud 더위, 뜨거운 쇼

▶ **ph**: [f]로 발음

ph	photo 사진 f포또	téléphone 전화기 뗄레f폰ㄴ
	pharmacie 약국 f파흐마씨	alphabet 알파벳 알f파베

▶ **gn**: [뉴]로 발음

gn	montagne 산 몽딴뉴	champagne 샴페인 셩빤뉴
	campagne 시골 껑빤뉴	signe 신호, 표시 씬뉴

프랑스어 '자음 + 모음' 발음

▶ qu + 모음: [ㄲ]로 발음

q와 u가 함께 있을 땐, u의 소리가 사라져요. qu 자체를 [ㄲ]로 발음하고, 그 뒤에 오는 모음의 소리를 붙여 주면 돼요. 예를 들어, que는 [끄]로, qua는 [꺄]로, qui는 [끼]로 발음해요.

qu + 모음	**qu**alité 질 꺌리떼	**qu**and 언제 껑
	qui 누구 끼	**qu**oi 무엇 꾸아

▶ gu + 모음: [ㄱ]로 발음

g와 u가 함께 있을 때도 u의 소리가 사라져요. gu 자체를 [ㄱ] 소리로 발음하고 그 뒤에 오는 모음의 소리를 붙여 줘요. 예를 들어 gue는 [그]로, gui는 [기]로 발음해요.

gu + 모음	**gu**itare 기타 기따ㅎ	lan**gue** 언어 렁그
	guerre 전쟁 게ㅎ	fati**gue** 피로 f파띠그

오늘의 회화 표현

행운을 빌어! **Bonne chance !**
　　　　　　본ㄴ　성쓰

PRÉPARATION 08

아주 중요해!
Très important !

- 프랑스어 연음

연음

연음은 프랑스어로 Liaison리에z종이라고 해요. 발음되지 않던 마지막 자음이 모음이나 무성 h로 시작되는 다음 단어와 이어져 발음되는 현상이에요.

예 très important
   트헤z장뽁떵

연음할 때 발음이 달라지는 경우

▶ s, x ➡ [z]

| les (그) 레 | + | idées 아이디어들 이데 | → | les idées (그) 아이디어들 레z지데 |

| dix 10 디쓰 | + | ans 년(年) 엉 | → | dix ans 10년 디z정 |

▶ d ➡ [t]

| grand 큰 그헝 | + | arbre 나무 아흐브ㅎ | → | grand arbre 큰 나무 그헝따흐브ㅎ |

▶ f ➡ [v]

neuf 9	+	heures 시(時)	➡	neuf heures 9시
뇌f프		외흐		뇌v뵈흐

연음의 규칙

▶ **연음을 반드시 해야 하는 경우**

① 한정사 + 명사

한정사는 명사 앞에서 명사의 의미를 한정 짓는 것이에요.

les hommes   (그) 남자들
레z좀ㅁ

mes yeux   내 눈(들)
메z지외

grand arbre   큰 나무
그헝따흐브ㅎ

ces amis   이 친구들
쎄z자미

② 주어 인칭 대명사 + 동사

Vous allez   당신은 간다
v부z잘레

Ils aiment   그들은 사랑한다
일z젬ㅁ

③ 전치사 뒤

chez elle   그녀의 집에(서)
쉐z젤

dans un café   카페에서
덩z장   꺄f페

④ **부사 + 형용사**

très occupé　　　　　　　　　매우 바쁜
트헤z조뀌뻬

plus important　　　　　　　더 중요한
쁠뤼z장쁙떵

▶ **연음을 하지 않는 경우**

① **접속사 et 다음**

lui et elle　　　　　　　　　　그와 그녀
뤼 에 엘

② **단수 명사 + 형용사**

un enfant adorable　　　　　사랑스러운 아이
아넝f펑　　　아도하블ㄹ

✅ ATTENTION ! un과 enfant은 '한정사 + 명사'이므로 연음해요.

③ **유음 h로 시작하는 단어 앞**

유음 h는 프랑스어로 h aspiré(*aspiré: 연음과 축약을 하지 않는)라 하며, 사전에서 십자가 표시로 표기되는 h예요. 유음 h로 시작하는 단어는 많지 않으니 아래 예시 단어들만 잘 알아 둡시다.

les héros　　　　　　　　　　(그) 영웅들
레　에호

très haut　　　　　　　　　　아주 높은
트헤　오

des haricots　　　　　　　　강낭콩들
데　아히꼬

✅ ATTENTION ! 무성 h의 경우에는 연음을 해요.　예 les hommes (그) 남자들
　　　　　　　　　　　　　　　　　　　　　　　레z좀ㅁ

오늘의 회화 표현

생일 축하해!　**Joyeux anniversaire !**
　　　　　　　주아외z자니v벡쎄ㅎ

PRÉPARATION 09

안녕하세요! 잘 지내세요?
Bonjour ! Comment ça va ?

음원 바로 듣기

- 인사와 안부 표현

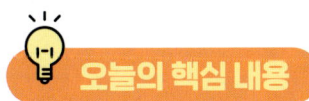

인사 표현 & 안부 묻고 답하기

안녕하세요! (아침, 낮 인사)	**Bonjour !** 봉쥬ㅎ
안녕하세요! (저녁 인사)	**Bonsoir !** 봉쑤아ㅎ
안녕! (만날 때, 헤어질 때)	**Salut !** 쌀뤼
안녕!	**Coucou !** 꾸꾸

✅ ATTENTION ! Salut와 Coucou는 Bonjour보다 좀 더 친근한 느낌의 인사예요. 친구에게 말할 때는 이 인사를 써 보세요.

잘 지내?	**Ça va ?** 싸 ᵛ바
잘 지내? / 어떻게 지내?	**Comment ça va ?** 꼬멍 싸 ᵛ바
잘 지내.	**Ça va.** 싸 ᵛ바
그냥 그렇지 뭐….	**Bof…** 보f

헤어질 때

좋은 하루 보내세요.   **Bonne journée.**
                              본느   쥬흐네

좋은 저녁 보내세요.   **Bonne soirée.**
                              본느   쑤아헤

내일 보자!   **À demain !**
                              아 드망

또 보자!   **À bientôt !**
                              아 비앙또

오늘 저녁에 보자!   **À ce soir !**
                              아 쓰   쑤아ㅎ

ATTENTION !   À 다음에 시간 표현이 오면 '그때 보자'라는 의미예요.

PRÉPARATION 10

축하해요!
Félicitations !

음원바로 듣기

- 감사/사과/축하 표현하기

감사와 감사에 대한 대답 표현

감사합니다.	**Merci.** 멕씨
(정말) 감사합니다.	**Merci beaucoup.** 멕씨　　보꾸
진심으로 감사해요.	**Merci infiniment.** 멕씨　　앙f피니멍
대단히 감사해요.	**Mille mercis.** 밀　　멕씨
천만에요.	**De rien.** 드　히앙
천만에요. (격식 표현)	**Je vous en prie.** 쥬　v부z정　프히

사과와 사과에 대한 대답 표현

미안합니다. / 실례합니다.　　　　**Pardon.**
　　　　　　　　　　　　　　　　빠흐동

미안합니다.　　　　　　　　　　**Désolé(e).**
　　　　　　　　　　　　　　　　데z졸레

> **ATTENTION !** 남성이 말할 때는 Désolé, 여성이 말할 때는 e를 하나 더 붙여서 Désolée로 표기해요. 발음은 동일하니 쓸 때만 주의하세요.

미안합니다. / 실례합니다.　　　　**Excusez-moi.**
　　　　　　　　　　　　　　　　엑스뀌z제　　무아

괜찮아요.　　　　　　　　　　　**Ce n'est pas grave.**
　　　　　　　　　　　　　　　　쓰　네　빠　그하v브

축하 표현

축하해!　　　　　　　　　　　　**Félicitations !**
　　　　　　　　　　　　　　　　f펠리씨따씨옹

잘했어! / 멋지다!　　　　　　　　**Bravo !**
　　　　　　　　　　　　　　　　브하v보

MEMO

LEÇON 01

나는 프리랜서야. 너는?
Je suis freelance. Et toi ?

 오늘의 목표

- 명사의 성
- 주어 인칭 대명사
- être 동사로 이름, 직업 말하기

 오늘의 어휘

대학생	étudiant 에뛰디엉	변호사	avocat 아v보꺄
프리랜서	freelance f프히렁쓰	인플루언서	influenceur 앙f플뤼엉쐬ㅎ

주어 인칭 대명사

프랑스어의 주어 인칭 대명사는 6가지로 나눌 수 있어요.

나	Je 쥬	우리	Nous 누
너	Tu 뛰	당신(들) / 너희들	Vous v부
그 / 그녀	Il / Elle 일 엘	그들 / 그녀들	Ils / Elles 일 엘

être 동사의 단수 인칭 변화

'~이다', '있다'의 의미를 가진 프랑스어의 be 동사예요. 프랑스어 동사는 주어와 시제에 따라 형태가 달라져요. 먼저 단수 인칭 대명사에 대한 être 동사의 변화를 살펴볼 거예요!

Je 쥬	suis 쒸
Tu 뛰	es 에
Il / Elle 일 엘	est 레

être 동사로 이름과 직업을 말할 수 있어요.

나는 주미에르야.　　　　**Je suis Joomière.**
　　　　　　　　　　　　쥬　쒸　　주미에ㅎ

Leçon 01 나는 프리랜서야. 너는? Je suis freelance. Et toi ?

프랑스어 명사

프랑스어의 명사는 남성과 여성을 구분해요.

	대학생	변호사
남성	étudiant 에뛰디엉	avocat 아v보꺄
여성	étudiante 에뛰디엉뜨	avocate 아v보꺄뜨

성·수 일치

성(남성과 여성)과 수(단수와 복수)를 일치시킨다는 말이에요. être 동사 뒤에 오는 명사는 주어의 성과 수에 맞춰 줘요. 주어가 여성이면 명사에 -e를 붙여 주는 것이 여성형을 만드는 기본 규칙이에요. 단수, 복수에 따른 변화는 Leçon 2에서 바로 배울 예정이에요. 여기서는 남성, 여성에 따른 변화를 중심으로 살펴봅시다.

나는 (남자) 대학생이야.　　**Je suis étudiant.**
　　　　　　　　　　　　쥬　쒸　　에뛰디엉

나는 (여자) 대학생이야.　　**Je suis étudiante.**
　　　　　　　　　　　　쥬　쒸　　에뛰디엉뜨

너는 (남자) 대학생이구나.　**Tu es étudiant.**
　　　　　　　　　　　　뛰　에　에뛰디엉

너는 (여자) 대학생이구나.　**Tu es étudiante.**
　　　　　　　　　　　　뛰　에　에뛰디엉뜨

그는 변호사야.　　　　　　**Il est avocat.**
　　　　　　　　　　　　일레　　아v보꺄

그녀는 변호사야.　　　　　**Elle est avocate.**
　　　　　　　　　　　　엘레　　아v보꺄뜨

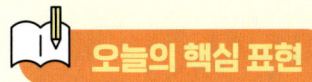 **오늘의 핵심 표현**

나는 주미에르야.	**Je suis Joomière.**	쥬 쒸 주미에흐
너는 프리랜서구나. (남자)	**Tu es freelance.**	뛰 에 f프히렁ㅆ
나는 변호사야. (남자)	**Je suis avocat.**	쥬 쒸 아v보꺄
나는 변호사야. (여자)	**Je suis avocate.**	쥬 쒸 아v보꺄뜨
그는 대학생이야.	**Il est étudiant.**	일레 에뛰디엉
그녀는 대학생이야.	**Elle est étudiante.**	엘레 에뛰디엉뜨
그는 인플루언서구나.	**Il est influenceur.**	일레 앙f플뤼엉쐬ㅎ
그녀는 인플루언서구나.	**Elle est influenceuse.**	엘레 앙f플뤼엉쐬z즈

한눈에 보기

	대학생	변호사	프리랜서	인플루언서
남성 단수	étudiant 에뛰디엉	avocat 아v보꺄	freelance f프히렁ㅆ	influenceur 앙f플뤼엉쐬ㅎ
여성 단수	étudiante 에뛰디엉뜨	avocate 아v보꺄뜨	freelance f프히렁ㅆ	influenceuse 앙f플뤼엉쐬z즈

Leçon **01** 나는 프리랜서야. 너는? *Je suis freelance. Et toi ?*

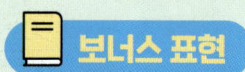 **보너스 표현**

 너 프리랜서야?

Tu es freelance ?
뛰 에 f프히렁ㅆ

 너 대학생이야?

Tu es étudiante ?
뛰 에 에뛰디엉ㄸ

 **오늘의 회화 완성!**

 안녕! 나는 주미에르야! 너는?

Salut ! Je suis Joomière. Et toi ?
쌀뤼 쥬 쒸 주미에ㅎ 에 뚜아

 나는 프리랜서야.

Je suis freelance.
쥬 쒸 f프히렁ㅆ

 아 그래? 네 이름이 뭐냐고?

Ah bon ? Et ton prénom ?
아 봉 에 똥 프헤농

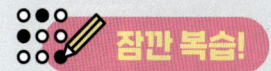

1 주어 인칭 대명사에 알맞은 être 동사 변화를 쓰고 발음해 보세요.

Je	
Tu	
Il / Elle	

2 être 동사를 활용하여 자신의 이름을 말해 보세요.

---

3 다음 문장을 자신의 성에 맞게 프랑스어로 쓰고, 발음해 보세요.

나는 대학생이야. ➜

4 다음 빈칸에 알맞은 단어를 고르세요.

> 그녀는 인플루언서야. ➜ Elle est _____.

① influenceur ② influenceuse

LEÇON 02

우리는 대학생이야.
Nous sommes étudiants.

음원 바로 듣기

 오늘의 목표
- 명사의 수 일치
- 복수형 주어 인칭 대명사
- être 동사의 복수 인칭 변화

 오늘의 어휘

	남성 단수	여성 단수
대학생	étudiant 에뛰디엉	étudiante 에뛰디엉ㄸ
변호사	avocat 아v보꺄	avocate 아v보꺄ㄸ
간호사	infirmier 앙f피흐미예	infirmière 앙f피흐미예ㅎ
관광객	touriste 뚜히스ㄸ	touriste 뚜히스ㄸ

 **오늘의 핵심 내용**

복수형 주어 인칭 대명사

우리	Nous 누
당신(들) / 너희들	Vous v부
그들 / 그녀들	Ils / Elles 일 엘

être 동사의 복수 인칭 변화

'~이다', '있다'의 의미를 가진 프랑스어의 be 동사였죠. Leçon 1에 이어, 이번에는 복수 인칭 변화에 대해 살펴볼까요?

Nous 누	sommes 쏨
Vous v부	êtes z제ㄸ
Ils / Elles 일 엘	sont 쏭

être 동사로 이름과 직업을 말할 수 있어요.

당신은 주미에르군요.　　　**Vous êtes Joomière.**
　　　　　　　　　　　　v부 z제ㄸ　　주미에ㅎ

그들은 대학생이에요.　　　**Ils sont étudiants.**
　　　　　　　　　　　　일   쏭　　에뛰디엉

프랑스어 명사

프랑스어의 명사는 남성, 여성뿐만 아니라 단수와 복수를 구분해요.

대학생	단수	복수
남성	étudiant 에뛰디엉	étudiants 에뛰디엉
여성	étudiante 에뛰디엉뜨	étudiantes 에뛰디엉뜨

변호사	단수	복수
남성	avocat 아v보꺄	avocats 아v보꺄
여성	avocate 아v보꺄뜨	avocates 아v보꺄뜨

ATTENTION ! 프랑스어의 마지막 자음은 발음되지 않는 경우가 많기 때문에 복수형에서 s가 붙더라도 발음은 단수형과 같아요. 남성과 여성이 함께 있을 때는 남성 복수형을 써요.

성·수 일치

être 동사 뒤에 오는 명사는 주어의 성과 수에 맞춰 주기로 했죠. 주어가 복수형이면 명사에 -s를 붙여 준다는 것이 복수형을 만드는 기본 규칙이에요. 여성 복수형일 경우 -es를 붙여 주면 되겠죠?

우리는 대학생이야.
(남성들 또는 남성+여성)

Nous sommes étudiants.
누　　쏨　　에뛰디엉

ATTENTION ! 남성과 여성이 함께 있을 때는 남성 복수형을 써요.

우리는 대학생이야.
(여성들만 있을 때)

Nous sommes étudiantes.
누　　쏨　　에뛰디엉뜨

당신들은 변호사군요.
(여성들만 있을 때)

Vous êtes avocates.
v부z젯　　아v보꺄뜨

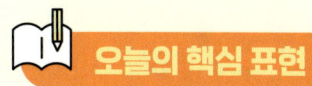
오늘의 핵심 표현

우리는 대학생이야. (남성 + 여성)
Nous sommes étudiants.
누 쏨 에뛰디엉

우리는 대학생이야. (여성들만)
Nous sommes étudiantes.
누 쏨 에뛰디엉뜨

우리는 관광객이에요. (남성 + 여성)
Nous sommes touristes.
누 쏨 뚜히스뜨

그녀들은 관광객이야.
Elles sont touristes.
엘 쏭 뚜히스뜨

당신은 간호사세요? (남성)
Vous êtes infirmier ?
v부z젯 앙f피흐미예

당신들은 간호사세요? (남성 + 여성)
Vous êtes infirmiers ?
v부z젯 앙f피흐미예

당신은 간호사시군요. (여성)
Vous êtes infirmière.
v부z젯 앙f피흐미예ㅎ

그녀들은 간호사야.
Elles sont infirmières.
엘 쏭 앙f피흐미예ㅎ

그 남자들은 변호사야.
Ils sont avocats.
일 쏭 아v보꺄

그 여자들은 변호사야.
Elles sont avocates.
엘 쏭 아v보꺄뜨

한눈에 보기

	대학생들	변호사들	간호사들	관광객들
남성 복수	étudiants 에뛰디엉	avocats 아v보꺄	infirmiers 앙f피흐미예	touristes 뚜히스뜨
여성 복수	étudiantes 에뛰디엉뜨	avocates 아v보꺄뜨	infirmières 앙f피흐미예ㅎ	touristes 뚜히스뜨

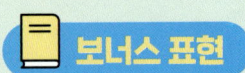 **보너스 표현**

그들은 관광객이 아니에요.

Ils ne sont pas touristes.
일 느 쏭 빠 뚜히스뜨

우리는 관광객이 아니에요.

Nous ne sommes pas touristes.
누 느 쏨 빠 뚜히스뜨

 **오늘의 회화 완성!**

관광객이세요?

Vous êtes touristes ?
v부z젯뜨 뚜히스뜨

네, 저희는 두 명이에요.

Oui, nous sommes deux.
위 누 쏨 되

이쪽으로 오세요.

Suivez-moi, s'il vous plaît.
쒸v베 무아 씰 v부 쁠레

 **잠깐 복습!**

1 남성과 여성이 함께 있을 때의 복수형을 쓰세요.

1) étudiant → _____

2) avocat → _____

2 Vous 주어와 être 동사를 활용하여 상대방이 대학생인지 물어보세요.

_____

3 다음 문장을 프랑스어로 쓰고, 발음해 보세요.

저는 관광객이에요. → _____

4 빈칸에 들어갈 단어를 고르세요.

| 그녀들은 간호사야. → Elles sont _____. |

① infirmier ② infirmiers
③ infirmière ④ infirmières

LEÇON 03

너는 항상 바쁘니?
Tu es toujours occupé ?

 오늘의 목표

- 형용사로 감정, 기분 말하기
- 형용사의 성·수 일치
- 억양 의문문

 오늘의 어휘

바쁜	occupé 오뀌뻬	시간 있는, 자유로운	libre 리브ㅎ
피곤한	fatigué f파띠게	스트레스 받는	stressé 스트헤쎄

 **오늘의 핵심 내용**

être 동사 + 형용사

être 동사와 형용사로 감정, 기분, 상태를 표현할 수 있어요.

나 피곤해.　　　　　　　　　　**Je suis fatigué.**
　　　　　　　　　　　　　　　쥬　쒸　　f파띠게

성·수 일치

être 동사 뒤에 오는 형용사는 주어의 성과 수에 따라 형태가 달라져요. 명사의 성·수 일치와 마찬가지로, 남성 단수형을 기본형으로 두고 여성형은 -e, 남성 복수형은 -s, 여성 복수형은 -es를 붙여 줘요. 아래 4가지의 occupé 형태를 발음해 볼까요? 4가지 모두 발음에 변화가 없어요.

나 바빠. (남성)　　　　　　　　**Je suis occupé.**
　　　　　　　　　　　　　　　쥬　쒸　　오뀌뻬

나 바빠. (여성)　　　　　　　　**Je suis occupée.**
　　　　　　　　　　　　　　　쥬　쒸　　오뀌뻬

그들은 바빠. (남성들 또는 남성 + 여성)　**Ils sont occupés.**
　　　　　　　　　　　　　　　일　쏭　　오뀌뻬

그녀들은 바빠. (여성들만)　　　**Elles sont occupées.**
　　　　　　　　　　　　　　　엘　쏭　　오뀌뻬

의문문의 억양

평서문 끝의 억양을 올리고 물음표만 붙이면 의문문을 만들 수 있어요!

너 바빠?　　　　　　　　　　　**Tu es occupé ?**
　　　　　　　　　　　　　　　뛰　에　오뀌뻬

오늘의 핵심 표현

나 바빠. (남성)	**Je suis occupé.** 쥬 쒸 오뀌뻬
너 바빠? (남성)	**Tu es occupé ?** 뛰 에 오뀌뻬
그녀는 바빠.	**Elle est occupée.** 엘레 오뀌뻬
그 남자 바빠?	**Il est occupé ?** 일레 오뀌뻬
나 시간 있어.	**Je suis libre.** 쥬 쒸 리브ㅎ
시간 있으세요?	**Vous êtes libre ?** v부z제ㄸ 리브ㅎ
우리 시간 있어.	**Nous sommes libres.** 누 쏨 리브ㅎ
그들은 시간이 있어.	**Ils sont libres.** 일 쏭 리브ㅎ

한눈에 보기

	바쁜		시간 있는, 자유로운	
	남성	여성	남성	여성
단수	occupé 오뀌뻬	occupée 오뀌뻬	libre 리브ㅎ	libre 리브ㅎ
복수	occupés 오뀌뻬	occupées 오뀌뻬	libres 리브ㅎ	libres 리브ㅎ

나 피곤해. (여성)	Je suis fatiguée. 쥬 쒸 f파띠게
그녀는 피곤해.	Elle est fatiguée. 엘레 f파띠게
우리 피곤해. (남성 + 여성)	Nous sommes fatigués. 누 쏨 f파띠게
그들은 피곤해?	Ils sont fatigués ? 일 쏭 f파띠게
나 스트레스 받아. (남성)	Je suis stressé. 쥬 쒸 스트헤쎄
너 스트레스 받아? (남성)	Tu es stressé ? 뛰 에 스트헤쎄
그녀들은 스트레스 받아.	Elles sont stressées. 엘 쏭 스트헤쎄
여러분 스트레스 받으세요?	Vous êtes stressés ? v부z제뜨 스트헤쎄

한눈에 보기

	피곤한		스트레스 받는	
	남성	여성	남성	여성
단수	fatigué f파띠게	fatiguée f파띠게	stressé 스트헤쎄	stressée 스트헤쎄
복수	fatigués f파띠게	fatiguées f파띠게	stressés 스트헤쎄	stressées 스트헤쎄

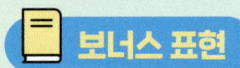 **보너스 표현**

 나 정말 피곤해.
Je suis très fatigué.
쥬 쒸 트헤 f파띠게

 걔 진짜 바빠.
Elle est très occupée.
엘레 트헤z조뀌뻬

 오늘의 회화 완성!

 시간 있어?
Tu es libre ?
뛰 에 리브ㅎ

 아니, 나 바빠.
Non, je suis occupé.
농 쥬 쒸 오뀌뻬

 맨날 그렇지!
Ah… comme toujours !
아 꼼 뚜쥬ㅎ

1 다음 단어를 활용하여 의문문을 쓰고 말해 보세요.

1) fatigué (Tu 사용) →
2) libre (Vous 사용) →
3) occupé (Ils 사용) →

2 다음 문장을 자신의 성별에 맞게 프랑스어로 쓰고, 발음해 보세요.

나는 피곤해. →

3 다음 문장을 복수형으로 바꾸세요.

Elle est stressée. →

4 다음을 프랑스어로 쓰고 발음해 보세요.

1) 그들은 시간이 있다.
   →

2) 그녀들은 바쁘다.
   →

LEÇON 04

음원 바로 듣기

쉬워. 근데 어려워.
C'est facile.
Mais c'est difficile.

 오늘의 목표

- C'est로 자연스럽게 말문 열기
- 형용사 활용하기
- 부정문

 오늘의 어휘

좋은, 맛있는	bon 봉	진짜의	vrai v브헤
쉬운	facile f파씰	어려운	difficile 디f피씰
중요한	important 앙쁙떵	가능한	possible 뽀씨블ㄹ
형편없는	nul 뉠	깨끗한, 딱 좋은	nickel 니껠

C'est + 형용사

C'est와 함께 형용사를 사용하면 사물의 성질이나 상황에 대한 의견, 느낌을 표현할 수 있어요.

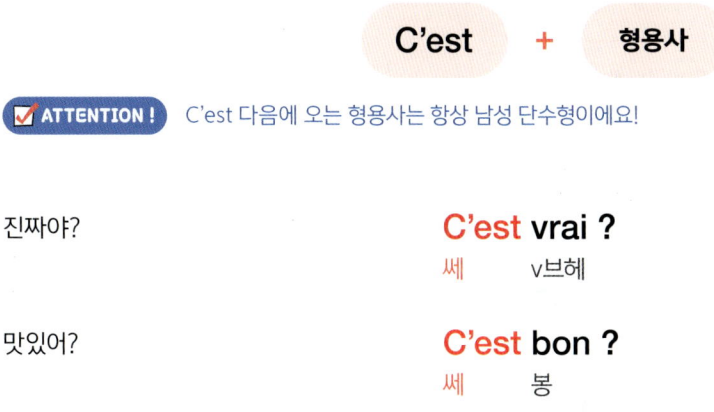

ATTENTION ! C'est 다음에 오는 형용사는 항상 남성 단수형이에요!

진짜야?	**C'est vrai ?** 쎄 v브헤
맛있어?	**C'est bon ?** 쎄 봉

C'est

주어로 사용하는 지시 대명사 ce와 être 동사의 3인칭 단수형인 est를 사용해요. e와 e가 충돌해 하나를 축약하고 C'est로 써요.

Leçon **04** 쉬워. 근데 어려워. C'est facile. Mais c'est difficile.

부정문

동사를 사이에 두고, 양 옆에 ne와 pas를 넣으면 부정문이 돼요.

ATTENTION ! 구어에서는 ne를 빼고 말하기도 해요.

사실이 아니야.
Ce n'est pas vrai.
쓰 네 빠 v브헤

➡ **C'est pas vrai.**
쎄 빠 v브헤

맛이 없어.
Ce n'est pas bon.
쓰 네 빠 봉

➡ **C'est pas bon.**
쎄 빠 봉

쉽지 않아.
Ce n'est pas facile.
쓰 네 빠 f파씰

➡ **C'est pas facile.**
쎄 빠 f파씰

중요하지 않아.
Ce n'est pas important.
쓰 네 빠 앙뽁떵

➡ **C'est pas important.**
쎄 빠 앙뽁떵

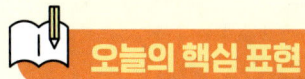 **오늘의 핵심 표현**

좋아. / 맛있다.	**C'est bon.** 쎄 봉
진짜?	**C'est vrai ?** 쎄 v브헤
쉬워.	**C'est facile.** 쎄 f파씰
어려워?	**C'est difficile ?** 쎄 디f피씰
중요해.	**C'est important.** 쎄 앙뽁떵
가능해.	**C'est possible.** 쎄 뽀씨블ㄹ
별로야.	**C'est nul.** 쎄 뉠
딱 좋다!	**C'est nickel !** 쎄 니껠
말도 안 돼.	**C'est pas possible.** 쎄 빠 뽀씨블ㄹ
말도 안 돼.	**C'est pas vrai.** 쎄 빠 v브헤
좋다. / 괜찮다 / 멋지다.	**C'est sympa.** 쎄 쌍빠
아주 좋다. / 훌륭해.	**C'est super !** 쎄 쒸뻬ㅎ
나쁘지 않아. / 꽤 좋아.	**C'est pas mal.** 쎄 빠 말

VOCABULAIRE

sympa 좋은, 괜찮은 | **super** 훌륭한 | **mal** 안 좋은, 나쁜

Leçon 04 쉬워. 근데 어려워. C'est facile. Mais c'est difficile.

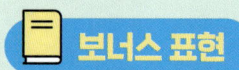 **보너스 표현**

 정말 어려워.

C'est vraiment difficile.
쎄   v브헤멍   디f피씰

 정말 별로야.

C'est vraiment nul.
쎄   v브헤멍   뉠

 **오늘의 회화 완성!**

 프랑스어 쉬워?

C'est facile, le français ?
쎄   f파씰   르 f프헝쎄

 응, 쉬워. 근데 어려워.

Oui, c'est facile. Mais c'est difficile.
위   쎄   f파씰   메   쎄   디f피씰

 마치 인생 같구나.

Comme la vie.
꼼   라 v비

 **잠깐 복습!**

1 다음 문장을 프랑스어로 바꿔 쓰세요.

1) 쉬워.
   → ....

2) 중요해.
   → ....

2 다음 문장을 부정문으로 바꿔 쓰세요.

1) C'est vrai.
   → ....

2) C'est possible.
   → ....

3 다음 문장의 뜻에 가장 알맞은 형용사를 고르세요.

| 정말 별로야. → C'est vraiment .... |

① difficile   ② bon
③ nul   ④ nickel

LEÇON 05

이야기야.
C'est une histoire.

음원 바로 듣기

 오늘의 목표

- 부정 관사
- C'est로 가리키고 소개하기
- Ce sont + 복수 명사

 오늘의 어휘

영화	film (n.m.) f필ㅁ	이야기	histoire (n.f.) 이스뚜아ㅎ
커피	café (n.m.) 꺄f페	자동차	voiture (n.f.) v부아뛰ㅎ
선물	cadeau (n.m.) 꺄도	서프라이즈	surprise (n.f.) 쒸프히z즈

명사의 성

직업, 국적 등의 사람을 나타내는 명사뿐만 아니라, 사물 명사도 남성 명사, 여성 명사가 있어요. 성은 명사가 가진 속성이기 때문에 임의로 바꿀 수 없답니다. 남성 명사인지, 여성 명사인지는 명사를 배울 때마다 조금씩 익혀 보세요.

남성 명사 (n.m.)	영화	film f필므
여성 명사 (n.f.)	이야기	histoire 이스뚜아ㅎ

부정 관사

관사는 명사의 앞에 붙어서 그 명사가 어떤 성격을 가지고 있는지를 알려 줘요. Leçon 5에서는 프랑스어의 관사 중 부정 관사에 대해 배울 거예요. 부정 관사에서 '부정'은 '정해지지 않은'이라는 뜻이에요. 영어의 a와 같이 셀 수 있는 명사 앞에 쓸 수 있어요. 또한 부정 관사 단수형은 '하나의', '어떤'이라는 뜻을 내포하고 있어요.

남성 단수	여성 단수	복수 (남성, 여성)
un 앙	une 윈	des 데

(어떤) 영화 한 편   **un film**
                            앙   f필므

(어떤) 이야기 한 편   **une histoire**
                            위니스뚜아ㅎ

C'est + 단수 명사

'이것은 / 이 사람은 ~이다'라는 의미예요. 'C'est + 관사 + 명사' 순서로 사용할 수 있어요.

이건 영화야.　　　　　　　　C'est un film.
　　　　　　　　　　　　　쎄　앙　f필ㅁ

사람, 도시 등의 고유 명사는 관사 없이 써요.

이 사람은 Océane이야.　　　　C'est Océane.
　　　　　　　　　　　　　쎄　오쎄인

이건(여기는) 파리야.　　　　　C'est Paris.
　　　　　　　　　　　　　쎄　빠히

Ce sont + 복수 명사

'이것들은 / 이 사람들은 ~이다.'라는 의미예요. 구어에서는 그냥 C'est라고 말하기도 해요.

이건 영화들이야.　　　　　　Ce sont des films.
　　　　　　　　　　　　쓰 쏭　데　f필ㅁ

　　　　　　　　　　➡　C'est des films.
　　　　　　　　　　　　쎄　데　f필ㅁ

사람, 도시 등의 고유 명사는 관사 없이 써요.

이 사람들은 Jean과 Marie야.　Ce sont Jean et Marie.
　　　　　　　　　　　　쓰 쏭　정　에　마히

오늘의 핵심 표현

이건 영화야. **C'est un film.**
쎄 앙 f필ㅁ

이건 이야기야. **C'est une histoire.**
쎄 위니스뚜아ㅎ

이건 커피야. **C'est un café.**
쎄 앙 꺄f페

이건 자동차들이야. **Ce sont des voitures.**
쓰 쏭 데 v부아뛰ㅎ

이건 서프라이즈야. **C'est une surprise.**
쎄 윈 쒺프히z즈

이건 선물들이야. **Ce sont des cadeaux.**
쓰 쏭 데 꺄도

✅ ATTENTION ! -eau로 끝나는 명사의 복수형을 만들 때는 x를 붙여요!

이건 영화들이야? **Ce sont des films ?**
쓰 쏭 데 f필ㅁ

이건 커피가 아니야? **Ce n'est pas un café ?**
쓰 네 빠 앙 꺄f페

이건 자동차들이 아니야. **Ce ne sont pas des voitures.**
쓰 느 쏭 빠 데 v부아뛰ㅎ

이 사람은 오세안이 아니야. **Ce n'est pas Océane.**
쓰 네 빠 오쎄안

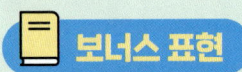 **보너스 표현**

이건 맛있는 커피야.
C'est un bon café.
쎄 앙 봉 꺄f페

이건 좋은 선물이야.
C'est un bon cadeau.
쎄 앙 봉 꺄도

 **오늘의 회화 완성!**

선물이야?
C'est un cadeau ?
쎄 앙 꺄도

응, 서프라이즈 하려고.
Oui, c'est une surprise.
위 쎄 윈 쒹프히z즈

짱이다!
C'est super !
쎄 쒸뻬ㅎ

1 다음 명사 앞에 알맞은 부정 관사를 쓰세요.

1) _____ film

2) _____ histoire

3) _____ voitures

2 주어진 단어를 활용하여 'C'est + 관사 + 명사' 문장을 만들어 보세요.

1) café → _____

2) surprise → _____

3 주어진 단어를 활용하여 'Ce sont + des + 명사' 문장을 만들어 보세요.

1) film → _____

2) cadeau → _____

4 다음을 프랑스어로 쓰고 발음해 보세요.

1) 이건 이야기야.

→ _____

2) 이건 영화가 아니야.

→ _____

3) 이 사람은 Océane이 아니야.

→ _____

LEÇON 06

슬픈 이야기야.
C'est une histoire triste.

 오늘의 목표

- 형용사
- 명사에 대한 형용사의 성·수 일치

 오늘의 어휘

좋은, 맛있는	bon 봉	작은	petit 쁘띠
비싼	cher 쉐흐	초록색의	vert v베흐
웃긴	drôle 드홀	슬픈	triste 트히스뜨

형용사의 성·수 일치

형용사는 명사를 꾸며 주는 역할을 해요. 프랑스어에서는 기본적으로 형용사가 명사의 뒤에 위치해요. 그리고 그 명사의 성, 수에 맞게 형용사의 형태가 바뀌어요.

	좋은		작은		비싼	
	남성	여성	남성	여성	남성	여성
단수	bon 봉	bonne 본ㄴ	petit 쁘띠	petite 쁘띠뜨	cher 쉐ㅎ	chère 쉐ㅎ
복수	bons 봉	bonnes 본ㄴ	petits 쁘띠	petites 쁘띠뜨	chers 쉐ㅎ	chères 쉐ㅎ

	초록색의		웃긴		슬픈	
	남성	여성	남성	여성	남성	여성
단수	vert v베ㅎ	verte v베ㅎ뜨	drôle 드홀	drôle 드홀	triste 트히스뜨	triste 트히스뜨
복수	verts v베ㅎ	vertes v베ㅎ뜨	drôles 드홀	drôles 드홀	tristes 트히스뜨	tristes 트히스뜨

바쁜 여자   une femme occupée
                 윈   f팜ㅁ   오뀌뻬

초록색 자동차   une voiture verte
                 윈   v부아뛰ㅎ   v베ㅎ뜨

웃긴 영화   un film drôle
                 앙   f필ㅁ   드홀

비싼 선물들   des cadeaux chers
                 데   꺄도   쉐ㅎ

오늘의 핵심 표현

이건 웃긴 영화야. **C'est un film drôle.**
쎄 앙 f필ㅁ 드홀

이건 슬픈 이야기야. **C'est une histoire triste.**
쎄 위니스뚜아ㅎ 트히스뜨

이건 초록색 자동차들이야. **Ce sont des voitures vertes.**
쓰 쏭 데 v부아뛰ㅎ v베ㅎ뜨

이건 비싼 선물들이야. **Ce sont des cadeaux chers.**
쓰 쏭 데 꺄도 쉐ㅎ

이건 맛있는 커피야. **C'est un bon café.**
쎄 앙 봉 꺄f페

ATTENTION! bon은 명사를 앞에서 꾸며 줘요!

이건 작은 서프라이즈야. **C'est une petite surprise.**
쎄 윈 쁘띠뜨 쒺프히z즈

ATTENTION! petit도 명사를 앞에서 꾸며 줘요!

이건 초록색 자동차야. **C'est une voiture verte.**
쎄 윈 v부아뛰ㅎ v베ㅎ뜨

이건 웃긴 영화가 아니야. **Ce n'est pas un film drôle.**
쓰 네 빠 앙 f필ㅁ 드홀

이건 슬픈 이야기가 아니야. **Ce n'est pas une histoire triste.**
쓰 네 빠 위니스뚜아ㅎ 트히스뜨

이건 비싼 선물이 아니야. **Ce ne sont pas des cadeaux chers.**
쓰 느 쏭 빠 데 꺄도 쉐ㅎ

이건 슬픈 영화가 아니야. **Ce n'est pas un film triste.**
쓰 네 빠 앙 f필ㅁ 트히스뜨

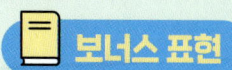 **보너스 표현**

 이건 엄청 웃긴 영화야.

C'est un film super drôle.
쎄 앙 f필ㅁ 쒸뻬ㅎ 드홀

 이건 엄청 비싼 선물들이야.

Ce sont des cadeaux super chers.
쓰 쏭 데 꺄도 쒸뻬ㅎ 쉐ㅎ

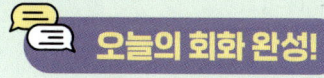 **오늘의 회화 완성!**

 슬픈 이야기네.

C'est une histoire triste.
쎄 위니스뚜아ㅎ 트히스뜨

 그러네.

C'est vrai.
쎄 v브헤

 그런 일도 있지.

Ça arrive.
싸 아히v브

1 다음 명사에 알맞은 형용사를 성·수에 맞게 써 보세요.

1) une voiture (vert) ➔ ....

2) des cadeaux (cher) ➔ ....

2 다음 형용사를 여성 단수형으로 바꾸세요.

1) bon ➔ ....

2) petit ➔ ....

3) cher ➔ ....

3 다음 형용사를 남성 복수형으로 바꾸세요.

1) vert ➔ ....

2) drôle ➔ ....

3) triste ➔ ....

4 다음 문장을 복수형으로 바꿔 쓰세요.

C'est une voiture verte.

➔ ....

5 빈칸에 들어갈 올바른 형태를 고르세요.

> C'est une _____ surprise.

① petit   ② petite

6 다음 문장을 부정문으로 바꾸세요.

1) C'est un film drôle.
   → _____

2) Ce sont des cadeaux chers.
   → _____

7 다음을 프랑스어로 바꿔 쓰세요.

1) 이건 맛있는 커피야.
   → _____

2) 이건 작은 서프라이즈야.
   → _____

8 '이건 엄청 웃긴 영화야'에 해당하는 알맞은 문장을 고르세요.

① C'est un film super drôle.
② C'est une film super drôle.
③ Ce sont un film super drôle.
④ C'est un super film drôles.

LEÇON 07

완전히 서프라이즈네!
Quelle surprise !

 오늘의 목표

- 감탄문
- 앞에서 꾸며 주는 형용사
- 성격과 특징 표현하기

 오늘의 어휘

날	un jour (n.m.) 앙 쥬ㅎ	그림	un tableau (n.m.) 앙 따블로
노래	une chanson (n.f.) 윈 셩쏭	스웨터	un pull (n.m.) 앙 쀨

ATTENTION ! 부정 관사와 함께 외우면 명사의 성을 자연스럽게 익힐 수 있어요!

앞에서 꾸며 주는 형용사

앞서 배운 것처럼, 프랑스어 형용사는 기본적으로 명사의 뒤에서 꾸며 줘요. 하지만 bon, petit처럼 일부 형용사는 명사의 앞에서 꾸며 주는 경우도 있어요. 음절이 짧고, 자주 쓰이는 형용사가 많아요!

	아름다운		예쁜	
	남성	여성	남성	여성
단수	beau 보	belle 벨	joli 죨리	jolie 죨리
복수	beaux 보	belles 벨	jolis 죨리	jolies 죨리

ATTENTION ! 대표적인 단어의 뜻은 위와 같지만 beau와 joli 모두 구체적인 의미의 큰 구분 없이 긍정적 의미의 형용사로 다양하게 사용할 수 있습니다.

아름다운(좋은) 날   **beau jour**
                     보   쥬ㅎ

예쁜(아름다운) 노래   **jolie chanson**
                       죨리   성쏭

	친절한		큰	
	남성	여성	남성	여성
단수	gentil 졍띠	gentille 졍띠으	grand 그헝	grande 그헝드
복수	gentils 졍띠	gentilles 졍띠으	grands 그헝	grandes 그헝드

친절한 소녀   **gentille fille**
              졍띠으   f피으

큰 그림   **grand tableau**
          그헝   따블로

문장 감탄문

문장 앞에 Comme, Que, Qu'est-ce que 중 하나를 사용해 표현을 강조할 수 있어요.

그는 정말 친절하구나!

Comme il est gentil !
꼼 일레 정띠

Qu'il est gentil !
낄레 정띠

Qu'est-ce qu'il est gentil !
께쓰낄레 정띠

명사 감탄문

명사 앞에 의문 형용사 quel 하나만 사용해서 표현을 강조할 수 있어요. 이때 quel은 명사의 성·수에 맞게 형태가 바뀌어요. (성·수 일치)

	남성	여성
단수	quel 껠	quelle 껠
복수	quels 껠	quelles 껠

완전히 서프라이즈네!

Quelle surprise !
껠 쒸프히z즈

오늘의 핵심 표현

완전히 서프라이즈네!　　　　**Quelle surprise !**
　　　　　　　　　　　　　　껠　　쒸프히z즈

날이 엄청 좋아!　　　　　　**Quel beau jour !**
　　　　　　　　　　　　　　껠　보　쥬ㅎ

와, 멋진 그림이네!　　　　　**Quel joli tableau !**
　　　　　　　　　　　　　　껠　죨리　따블로

정말 아름다운 노래야!　　　**Quelle jolie chanson !**
　　　　　　　　　　　　　　껠　죨리　셩쏭

너 진짜 멋지다! (남자)　　　**Que tu es beau !**
　　　　　　　　　　　　　　끄　뛰 에 보

너 정말 예쁘다! (여자)　　　**Que tu es belle !**
　　　　　　　　　　　　　　끄　뛰 에 벨

당신 정말 친절하시네요! (남자)　**Que vous êtes gentil !**
　　　　　　　　　　　　　　끄　v부z젯뜨　졍띠

당신 정말 친절하시네요! (여자)　**Que vous êtes gentille !**
　　　　　　　　　　　　　　끄　v부z젯뜨　졍띠으

네 그림 정말 크다!　　　　　**Comme il est grand, ton tableau !**
　　　　　　　　　　　　　　꼼　일레　그헝　똥　따블로

네 스웨터 진짜 예쁘다!　　　**Comme il est joli, ton pull !**
　　　　　　　　　　　　　　꼼　일레　죨리　똥　쀨

✅ **ATTENTION !**　ton: 너의 (남성 단수 명사 앞)

정말 멋진 선물이야!　　　　**Quel beau cadeau !**
　　　　　　　　　　　　　　껠　보　꺄도

정말 멋진 집이야!　　　　　**Quelle belle maison !**
　　　　　　　　　　　　　　껠　벨　메z종

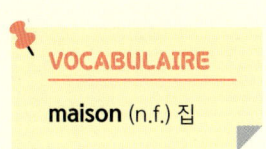

VOCABULAIRE

maison (n.f.) 집

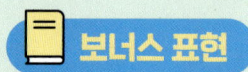 **보너스 표현**

완전히 서프라이즈네! 굉장해!

Quelle surprise ! C'est magnifique !
껠　　쒹프히zㅈ　　쎄　　마니f피끄

날씨 엄청 좋아! 굉장해!

Quel beau jour ! C'est magnifique !
껠　보　쥬ㅎ　쎄　　마니f피끄

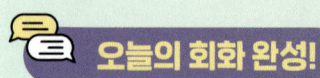 **오늘의 회화 완성!**

네 스웨터 엄청 예쁘다!

Comme il est joli, ton pull !
꼼　일레　죨리　똥　쀨

고마워. 넌 정말 친절해!

Merci. Que tu es gentil !
멕씨　끄　뛰 에　졍띠

알아.

Je sais.
쥬 쎄

 **잠깐 복습!**

1 다음 문장에서 빈칸에 들어갈 형용사의 알맞은 형태를 고르세요.

> 와, 정말 예쁜 그림이네! → Quel _____ tableau !

① jolie ② joli
③ jolis ④ jolies

2 다음 문장을 프랑스어로 쓰고 발음해 보세요.

당신 정말 친절하시네요!
→ _____

3 다음 문장을 프랑스어로 쓰고 발음해 보세요.

날씨 엄청 좋아! 굉장해!
→ _____

4 다음 문장을 프랑스어로 쓰고 발음해 보세요.

네 스웨터 정말 예쁘다!
→ _____

LEÇON 08

음원 바로 듣기

나는 고양이 한 마리가 있어.
J'ai un chat.

오늘의 목표

- avoir 동사의 현재 시제 동사 변화
- avoir 동사를 활용해 소유 말하기
- avoir 동사를 활용해 형제 관계 말하기

오늘의 어휘

고양이	chat (n.m.) 샤	검은색의	noir 누아ㅎ
남자 형제	frère (n.m.) f프헤ㅎ	여자 형제	sœur (n.f.) 쐬ㅎ
문제	problème (n.m.) 프호블렘ㅁ	아이디어	idée (n.f.) 이데

avoir 동사

프랑스어의 have 동사예요. 사물에 대해 가지고 있다고 말하는 것뿐만 아니라, 형제자매나 자녀에 대해 말할 때도 avoir 동사를 써요.

J'	ai 쥐	Nous 누	avons z자v봉
Tu 뛰	as 아	Vous v부	avez z자v베
Il / Elle 일 엘	a 라	Ils / Elles 일 엘	ont z종

☑ ATTENTION ! '주어 인칭 대명사 + 동사'는 항상 연음하고, Je 다음에 모음 또는 무성 h로 시작하는 동사가 오면 J'로 축약해요!

나는 남자 형제가 있어.	**J'ai un frère.** 쥐 앙 f프헤ㅎ
나는 고양이 한 마리가 있어.	**J'ai un chat.** 쥐 앙 샤
나는 자동차가 한 대 있어.	**J'ai une voiture.** 쥐 윈 v부아뛰ㅎ
나는 아들이 한 명 있어.	**J'ai un fils.** 쥐 앙 f피ㅆ
나는 딸이 한 명 있어.	**J'ai une fille.** 쥐 윈 f피으

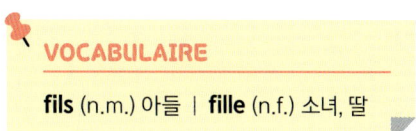

VOCABULAIRE

fils (n.m.) 아들 | **fille** (n.f.) 소녀, 딸

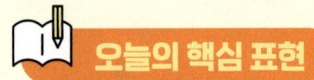 **오늘의 핵심 표현**

나 검은 고양이 키워.	J'ai un chat noir. 줴 앙 샤 누아ㅎ
너 아이디어 있어?	Tu as une idée ? 뛰 아 위니데
그는 여자 형제들이 있어.	Il a des sœurs. 일라 데 쐬ㅎ
그녀들은 남자 형제가 있어.	Elles ont un frère. 엘z종 앙 f프헤ㅎ
우리는 문제들이 있어.	Nous avons des problèmes. 누z자v봉 데 프호블렘ㅁ
당신은 초록색 자동차가 있군요.	Vous avez une voiture verte. v부z자v베 윈 v부아뛰ㅎ v베ㅎ뜨
너 자동차 있어?	Tu as une voiture ? 뛰 아 윈 v부아뛰ㅎ
그는 고양이 키워?	Il a un chat ? 일라 앙 샤
나는 두 명의 자매가 있어.	J'ai deux sœurs. 줴 되 쐬ㅎ
너는 두 명의 형제가 있구나.	Tu as deux frères. 뛰 아 되 f프헤ㅎ
나는 작은 문제가 하나 있어.	J'ai un petit problème. 줴 앙 쁘띠 프호블렘ㅁ

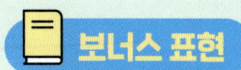 **보너스 표현**

 나는 고양이 없어.
Je n'ai pas de chat.
쥬 네 빠 드 샤

 나는 아이디어 없어.
Je n'ai pas d'idée.
쥬 네 빠 디데

 오늘의 회화 완성!

 너는 형제자매 있어?
Tu as des frères ou des sœurs ?
뛰 아 데 f프헤ㅎ 우 데 쐬ㅎ

 없어. 하지만 난 고양이가 있지.
Non, mais j'ai un chat.
농 메 줴 앙 샤

 부럽다.
Je t'envie.
쥬 떵v비

 **잠깐 복습!**

1 주어 인칭 대명사에 알맞은 avoir 동사 변화를 쓰고 발음해 보세요.

J'		Nous	
Tu		Vous	
Il / Elle		Ils / Elles	

2 빈칸에 알맞은 말을 넣으세요.

1) 나는 남자 형제가 한 명 있어.
   → J'_____ un frère.

2) 너 자동차 있어?
   → Tu _____ une voiture ?

3) 당신은 아이디어가 있나요?
   → Vous _____ une idée ?

3 '우리는 문제들이 있어'에 대한 올바른 문장을 고르세요.

① Nous avons des problèmes.
② Nous avons un problème.
③ Nous avons problème.

4 '너는 두 명의 형제가 있구나'에 대한 올바른 문장을 고르세요.

① J'ai deux frères.

② Il a deux frères.

③ Tu as deux frères.

5 '나는 아들이 한 명 있어'에 대한 올바른 문장을 고르세요.

① Vous avez un fils.

② J'ai un fils.

③ Elle a un fils.

6 다음을 프랑스어로 쓰고 발음해 보세요.

1) 나는 자동차가 있어.
   → _____

2) 나는 작은 문제가 하나 있어.
   → _____

3) 그녀들은 남자 형제 한 명이 있어.
   → _____

4) 나는 딸이 한 명 있어.
   → _____

LEÇON 09

배고프다. 피자 먹고 싶다.
J'ai faim.
J'ai envie de pizza.

오늘의 목표

- avoir 동사로 신체 상태 표현하기
- avoir 동사로 '원하다' 표현하기
- avoir 동사로 '필요하다' 표현하기

오늘의 어휘

휴가	vacances (n.f.pl.) v바껑쓰	피자	pizza (n.f.) 삐짜
아이스크림	glace (n.f.) 글라쓰	자다	dormir 도흐미ㅎ
시간	temps (n.m.) 떵	도움	aide (n.f.) 에드

 **오늘의 핵심 내용**

avoir + 신체 상태

avoir 동사로 신체 상태를 표현할 수 있어요. 이때는 관사를 쓰지 않아요.

아픔	무서움	잠
mal 말	**peur** 쁘ㅎ	**sommeil** 쏘메이으

배고픔	갈증	더위	추위
faim f팡	**soif** 쑤아f	**chaud** 쇼	**froid** f프후아

나 아파.   **J'ai mal.**
            쥬   말

avoir envie de

'~를 원하다', '~하고 싶다'라는 뜻이에요. 뒤에는 명사 또는 동사 원형이 올 수 있어요.

나는 휴가를 원해.   **J'ai envie de vacances.**
                    쥬   엉v비   드   v바껑쓰

avoir besoin de

'~가 필요하다', '~할 필요가 있다'라는 뜻이에요. 뒤에는 명사 또는 동사 원형이 올 수 있어요.

나는 휴가가 필요해.   **J'ai besoin de vacances.**
                     쥬   브z주앙   드   v바껑쓰

 **오늘의 핵심 표현**

더워요.	**J'ai chaud.** 줴 쇼
너 추워?	**Tu as froid ?** 뛰 아 f프후아
그는 졸려요.	**Il a sommeil.** 일라 쏘메이으
그녀는 목이 말라요.	**Elle a soif.** 엘라 쑤아f
무서우세요?	**Vous avez peur ?** v부z자v베 쁴ㅎ
그들은 배고프대?	**Ils ont faim ?** 일z종 f팡
나는 피자를 원해.	**J'ai envie de pizza.** 줴 엉v비 드 삐짜
그는 아이스크림 원한대?	**Il a envie de glace ?** 일라 엉v비 드 글라ㅆ
너 자고 싶구나.	**Tu as envie de dormir.** 뛰 아 엉v비 드 도흐미ㅎ
시간이 필요해요.	**J'ai besoin de temps.** 줴 브z주앙 드 떵
그녀가 도움이 필요하대?	**Elle a besoin d'aide ?** 엘라 브z주앙 데ㄷ

✅ **ATTENTION !** de 다음에 모음이나 무성 h로 시작하는 단어가 오면 d'로 축약해요!

걔네들 자야 하는 거야?	**Ils ont besoin de dormir ?** 일z종 브z주앙 드 도흐미ㅎ

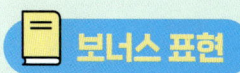 **보너스 표현**

 나는 항상 배고파.
J'ai toujours faim.
쮀 뚜쥬ㅎ f팡

 나는 항상 휴가를 원해.
J'ai toujours envie de vacances.
쮀 뚜쥬ㅎ 엉v비 드 v바껑ㅆ

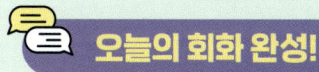 **오늘의 회화 완성!**

 너 배고프니?
Tu as faim ?
뛰 아 f팡

 응, 나는 항상 배고파.
Oui, j'ai toujours faim.
위 쮀 뚜쥬ㅎ f팡

 피자 먹고 싶다.
J'ai envie de pizza.
쮀 엉v비 드 삐짜

1 신체 상태를 표현할 때 사용하는 동사의 원형을 쓰세요.

---

2 Tu as peur ?의 의미로 알맞은 것을 고르세요.

① 너 졸려?　　　　　　　② 너 무서워?

③ 너 더워?　　　　　　　④ 너 추워?

3 다음 빈칸에 알맞은 단어를 고르세요.

| 그는 졸려요. → Il a _____. |

① peur　　　　　　　② sommeil

③ soif　　　　　　　④ faim

4 다음 중 '그들은 아이스크림을 원한대'를 프랑스어로 올바르게 표현한 것을 고르세요.

① Ils ont envie de glace.

② Ils ont faim.

5 다음 문장을 프랑스어로 쓰고, 발음해 보세요.

나는 휴가를 원해.

→ _____

6 빈칸에 알맞은 말을 넣어 문장을 완성하세요.

| 나는 시간이 필요해. → J'_____ besoin de temps. |

① suis
② ai
③ es
④ ont

7 다음 중 '나는 도움이 필요해'를 프랑스어로 올바르게 표현한 것을 고르세요.

① J'ai toujours sommeil.

② J'ai besoin d'aide.

8 다음 문장을 프랑스어로 쓰고, 발음해 보세요.

나는 항상 휴가가 필요해.

→ _____

LEÇON 10

핸드폰 어디에 있지?
Où est mon portable ?

 오늘의 목표

- avoir 동사 용법: ~가 있다
- 위치와 존재를 나타내는 il y a
- 색깔 형용사

 오늘의 어휘

자리	place (n.f.) 쁠라쓰	것, 물건	truc (n.m.) 트휙
핸드폰	portable (n.m.) 뽁따블르	(많은) 사람들	du monde (n.m.) 뒤 몽드
~안에	dans 덩	가방	sac (n.m.) 싹

Il y a

'~가 있다'라는 뜻으로, 어떤 사물, 사람, 장소가 어디에 존재함을 말할 때 써요.

문제가 있어.　　　　　　　　　**Il y a un problème.**
　　　　　　　　　　　　　　　일리야　앙　프호블렘ㅁ

자리가 있어.　　　　　　　　　**Il y a une place.**
　　　　　　　　　　　　　　　일리야　윈　쁠라ㅆ

핸드폰이 있어.　　　　　　　　**Il y a un portable.**
　　　　　　　　　　　　　　　일리야　앙　뽁따블ㄹ

가방이 있어.　　　　　　　　　**Il y a un sac.**
　　　　　　　　　　　　　　　일리야　앙　싹

Il y a + _____ ?

Il y a 뒤에 '무엇', '누구'를 뜻하는 단어를 넣어 질문을 할 수 있어요.

무엇	quoi 꾸아
누군가	quelqu'un 껠꺙

뭐가 있어?　　　　　　　　　**Il y a quoi ?**
　　　　　　　　　　　　　　일리야　꾸아

누가 있어?　　　　　　　　　**Il y a quelqu'un ?**
　　　　　　　　　　　　　　일리야　껠꺙

색깔 형용사

색깔 형용사도 기본적으로 명사의 뒤에서 꾸며 줘요.

	빨간색의	주황색의	노란색의	초록색의	파란색의
남성형	rouge 후쥬	orange 오헝쥬	jaune 죤ㄴ	vert v베ㅎ	bleu 블뢰
여성형	rouge 후쥬	orange 오헝쥬	jaune 죤ㄴ	verte v베ㅎ뜨	bleue 블뢰

	보라색의	분홍색의	흰색의	검은색의	회색의
남성형	violet v비올레	rose 호z즈	blanc 블렁	noir 누아ㅎ	gris 그히
여성형	violette v비올레뜨	rose 호z즈	blanche 블렁슈	noire 누아ㅎ	grise 그히z즈

파란색 가방	un sac bleu 앙 싹 블뢰
보라색 가방	un sac violet 앙 싹 v비올레
하얀색 자동차	une voiture blanche 윈 v부아뛰ㅎ 블렁슈
회색 자동차	une voiture grise 윈 v부아뛰ㅎ 그히z즈
검은색 가방이 있다.	Il y a un sac noir. 일리야 앙 싹 누아ㅎ
주황색 자동차가 있다.	Il y a une voiture orange. 일리야 윈 v부아뛰ㅎ 오헝쥬

 **오늘의 핵심 표현**

문제가 있나요?   **Il y a un problème ?**
일리야 앙 프로블렘ㅁ

자리가 하나 있어요.   **Il y a une place.**
일리야 윈 쁠라ㅆ

뭐가 있어?   **Il y a quoi ?**
일리야 꾸아

뭐가 하나 있네.   **Il y a un truc.**
일리야 앙 트휙

어떤 빨간 게 하나 있네.   **Il y a un truc rouge.**
일리야 앙 트휙 후쥬

누구 있어요?   **Il y a quelqu'un ?**
일리야 껠꺙

사람이 많아요!   **Il y a du monde !**
일리야 뒤 몽ㄷ

노란색 가방이 있어요.   **Il y a un sac jaune.**
일리야 앙 싹 죤ㄴ

초록색 자동차가 있어요.   **Il y a une voiture verte.**
일리야 윈 v부아뛰ㅎ v베ㅎ뜨

내 가방에 핸드폰이 하나 있다.   **Il y a un portable dans mon sac.**
일리야 앙 뽁따블ㄹ 딩 몽 싹

ATTENTION ! mon: 나의 (남성 단수 명사 앞)

Leçon **10** 핸드폰 어디에 있지? Où est mon portable ?

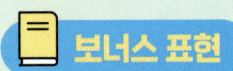 **보너스 표현**

 바람이 분다.
Il y a du vent.
일리야 뒤 v벙

 햇빛이 난다.
Il y a du soleil.
일리야 뒤 쏠레이으

 **ATTENTION !** du는 Leçon 22에서 배울 '부분 관사'라는 관사의 형태예요.
셀 수 없는 명사 앞에 써요.

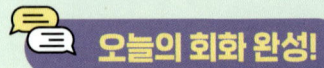 **오늘의 회화 완성!**

 내 핸드폰 어디에 있지?
Où est mon portable ?
우 에 몽 뽁따블ㄹ

 냉장고 안에 핸드폰이 하나 있는데.
Il y a un portable dans le frigo.
일리야 앙 뽁따블ㄹ 덩 르 f프히고

 이런!
Oups !
웁쓰

 **잠깐 복습!**

1 '노란색 가방이 하나 있어'를 올바르게 표현한 프랑스어 문장을 고르세요.

① Il y a une sac jaune.

② Il y a un sac jaune.

③ Il y a un sac jaunee.

④ Il y a une sac jaunee.

2 다음 문장은 맞는 표현일까요? 틀린 문장이라면 바르게 고쳐 써 보세요.

Il y a un truc violette.

① Vrai (맞다)

② Faux (틀리다) → _____

3 다음 문장을 프랑스어로 쓰고 발음해 보세요.

검은색 자동차가 있다. → _____

4 다음 대화를 프랑스어로 만들어 보세요.

A: 뭐가 있어? B: 내 가방에 핸드폰이 하나 있어.

→ A: _____

B: _____

Leçon 10 핸드폰 어디에 있지? Où est mon portable ?

LEÇON 11

1~10강 복습
Révision

음원 바로 듣기

오늘의 목표

- 1~10강 복습 퀴즈
- 내 가방 안 소지품에 대해 표현하기

오늘의 어휘

| 우산 | parapluie (n.m.) 빠하쁠뤼 | 핸드크림 | crème mains (n.f.) 크헴 망 |

다음 한국어 뜻에 맞는 프랑스어 문장을 고르세요.

1 그는 대학생이야.

A. Il est étudiant.

B. Ils sont étudiants.

C. Elle est étudiante.

2 우리는 관광객이에요.

A. Nous sommes infirmiers.

B. Nous sommes touristes.

C. Vous êtes touristes.

3 너 바빠?

A. Tu es occupé ?

B. Vous êtes libre ?

C. Elles sont fatiguées ?

4 말도 안 돼.

A. C'est vrai.

B. C'est pas vrai.

C. C'est possible.

5 이건 선물들이야.

A. C'est une surprise.

B. C'est des cadeaus.

C. Ce sont des cadeaux.

6 이건 슬픈 이야기야.

A. C'est une petite surprise.

B. C'est une histoire triste.

C. C'est une histoire drôle.

7 날이 엄청 좋아!

A. Quel beau jour !

B. Quelle jolie chanson !

C. Que tu es beau !

8 나 검은 고양이 키워.

A. J'ai un frère.

B. J'ai un chien noir.

C. J'ai un chat noir.

9 무서우세요?

   A. Vous avez chaud ?

   B. Vous avez froid ?

   C. Vous avez peur ?

10 내 가방 안에 핸드폰이 있다.

   A. Il y a une voiture dans mon sac.

   B. Il y a un portable dans mon sac.

   C. Il y a un problème.

답: 1A | 2B | 3A | 4B | 5C | 6B | 7A | 8C | 9C | 10B

 **문법 한 걸음 더!**

내 가방 안에 무엇이 있나요?

Il y a는 '~가 있다'라는 뜻이에요. Il y a 뒤에 의문 대명사 quoi를 넣거나, Il y a 앞에 의문사구 qu'est-ce que를 넣어 무엇이 있는지 물어볼 수 있어요.

내 가방 안에 우산이 하나 있어.

가방 안에 무엇이 있는지 말할 땐 Il y a 표현과 J'ai 표현을 둘 다 사용할 수 있어요.

가방 안에 우산이 하나 있어.　　　**Il y a un parapluie dans mon sac.**
　　　　　　　　　　　　　　　　　일리야　앙　빠하쁠뤼　　덩　몽　싹

가방 안에 핸드폰이 하나 있어.　　**J'ai un portable dans mon sac.**
　　　　　　　　　　　　　　　　　쥐　앙　뽁따블르　덩　몽　싹

가방 안에 스웨터가 하나 있어.　　**J'ai un pull dans mon sac.**
　　　　　　　　　　　　　　　　　쥐　앙　쀨　덩　몽　싹

가방 안에 뭐가 하나 있어.　　　　**Il y a un truc dans mon sac.**
　　　　　　　　　　　　　　　　　일리야　앙　트휙　덩　몽　싹

표현 한 걸음 더!

네 가방에 뭐 있어? Il y a quoi dans ton sac ?
일리야 꾸아 덩 똥 싹

ATTENTION ! ton: 너의 (남성 단수 명사 앞)

나 검은색 우산 하나 있어. J'ai un parapluie noir.
줴 앙 빠하쁠뤼 누아ㅎ

내 가방 안에 핸드크림이 있어. Il y a une crème mains dans mon sac.
일리야 윈 크헴 망 덩 몽 싹

네 초록색 가방에 뭐 있어? Qu'est-ce qu'il y a dans ton sac vert ?
께쓰낄리야 덩 똥 싹 v베ㅎ

내 가방 안에 노란색 스웨터가 하나 있어. J'ai un pull jaune dans mon sac.
줴 앙 쀨 죤ㄴ 덩 몽 싹

네 차 안에 뭐 있어? Qu'est-ce qu'il y a dans ta voiture ?
께쓰낄리야 덩 따 v부아뛰ㅎ

ATTENTION ! ta: 너의 (여성 단수 명사 앞)

핸드폰 하나랑 빨간색 우산이 하나 있어. Il y a un portable et un parapluie rouge.
일리야 앙 뽁따블ㄹ 에 앙 빠하쁠뤼 후쥬

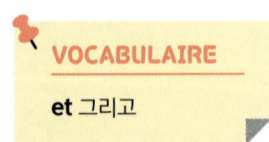

VOCABULAIRE

et 그리고

MEMO

LEÇON 12

음원 바로 듣기

나는 파란색 셔츠에 빨간색 가방을 메고 있어.
Je porte une chemise bleue et un sac rouge.

 오늘의 목표

- porter 동사의 현재 시제 동사 변화
- 프랑스어 동사의 분류와 1군 동사의 규칙
- 색깔 형용사 활용하여 옷차림 표현하기

 오늘의 어휘

청바지	jean (n.m.) 쥔	원피스	robe (n.f.) 홉
스웨터	pull (n.m.) 쀨	셔츠	chemise (n.f.) 슈미z즈
안경	lunettes (n.f.pl.) 뤼네뜨	캡모자	casquette (n.f.) 꺄스께뜨

 **오늘의 핵심 내용**

porter 동사

어떤 것을 입고 있는 상태를 나타내는 동사예요. 옷뿐만 아니라, 신발이나 액세서리, 가방 등을 신고, 착용하고 메고 있는 것을 말할 때 쓸 수 있어요. 주어에 따른 porter 동사의 변화형을 반복해서 말해 볼까요?

Je 쥬	**porte** 뽁뜨	Nous 누	**portons** 뽁똥
Tu 뛰	**portes** 뽁뜨	Vous v부	**portez** 뽁떼
Il / Elle 일 엘	**porte** 뽁뜨	Ils / Elles 일 엘	**portent** 뽁뜨

나는 청바지를 입고 있어.　　**Je porte un jean.**
　　　　　　　　　　　　　쥬　뽁뜨　앙　쥔

당신은 원피스를 입고 있군요.　**Vous portez une robe.**
　　　　　　　　　　　　　v부　뽁떼　윈　홉

우리는 안경을 쓰고 있어요.　　**Nous portons des lunettes.**
　　　　　　　　　　　　　누　뽁똥　데　뤼네뜨

프랑스어 동사

프랑스어의 동사는 3종류가 있어요. 변화형이 규칙적인 1군, 2군 동사, 변화형이 불규칙한 3군 동사로 나눌 수 있어요.

1 군 동사	-er로 끝나는 동사 예 porter	규칙 동사 (주어에 따라 어미가 규칙적으로 변하는 동사)
2 군 동사	-ir로 끝나는 동사	
3 군 동사	동사 변화 형태가 불규칙한 동사 예 être, avoir	불규칙 동사

Leçon 12 나는 파란색 셔츠에 빨간색 가방을 메고 있어. Je porte une chemise bleue et un sac rouge.

1군 동사의 규칙

1군 동사는 -er로 끝나는 규칙 동사예요. 어간은 변함이 없고 어미만 변화해요. 각 주어별로 -e, -es, -e, -ons, -ez, -ent로 어미만 바꿔 주면 돼요. 이 규칙만 알고 있으면 대부분의 1군 동사를 활용해서 말할 수 있어요.

1군 동사의 인칭별 변화 어미			
Je	-e	Nous	-ons
Tu	-es	Vous	-ez
Il / Elle	-e	Ils / Elles	-ent

앞에서 배운 porter 동사는 1군 규칙 동사예요. 마찬가지로 어간(port-)은 변함이 없고 어미(-er)만 변화합니다. 어미 변화를 주의 깊게 살펴볼까요?

입다, 신다, 메다: porter			
Je	porte	Nous	portons
Tu	portes	Vous	portez
Il / Elle	porte	Ils / Elles	portent

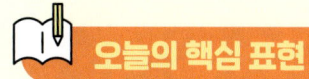 **오늘의 핵심 표현**

나는 청바지를 입고 있어. **Je porte un jean.**
쥬 뽁ㄸ 앙 쥔

너 원피스 입고 있어? **Tu portes une robe ?**
뛰 뽁ㄸ 윈 홉

그는 안경을 쓰고 있어. **Il porte des lunettes.**
일 뽁ㄸ 데 뤼네ㄸ

그녀는 모자를 쓰고 있어? **Elle porte une casquette ?**
엘 뽁ㄸ 윈 꺄스께ㄸ

흰색 스웨터 입고 계세요? **Vous portez un pull blanc ?**
v부 뽁떼 앙 쁠 블렁

그들은 노란색 가방을 메고 있어. **Ils portent un sac jaune.**
일 뽁ㄸ 앙 싹 죤ㄴ

나는 파란색 셔츠에 빨간색 가방을 메고 있어. **Je porte une chemise bleue**
쥬 뽁ㄸ 윈 슈미z즈 블뢰
et un sac rouge.
에 앙 싹 후쥬

나는 검은색 신발을 신고 있어. **Je porte des chaussures noires.**
쥬 뽁ㄸ 데 쇼쒸ㅎ 누아ㅎ

그는 초록색 파자마를 입고 있어. **Il porte un pyjama vert.**
일 뽁ㄸ 앙 삐쟈마 v베ㅎ

 VOCABULAIRE

chaussures (n.f.pl.) 신발 | **pyjama** (n.m.) 파자마

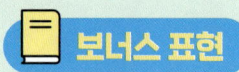 **보너스 표현**

 나는 핸드백을 메고 있어.
Je porte un sac à main.
쥬 뽁뜨 앙 싹꺄망

 나는 백팩을 메고 있어.
Je porte un sac à dos.
쥬 뽁뜨 앙 싹꺄도

 오늘의 회화 완성!

 어떤 옷 입으셨어요?
Vous portez quoi ?
v부 뽁떼 꾸아

 저 초록색 원피스 입고 있어요.
Je porte une robe verte.
쥬 뽁뜨 윈 홉 v베ㅎ뜨

 좋아요! 곧 도착해요.
Parfait ! J'arrive.
빡f페 쟈히v브

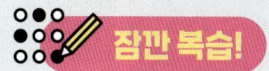 **잠깐 복습!**

1 주어 인칭 대명사에 알맞은 porter 동사 변화를 쓰고 발음해 보세요.

Je		Nous	
Tu		Vous	
Il / Elle		Ils / Elles	

2 'Elle porte une casquette.' 문장의 뜻으로 알맞은 것을 고르세요.

① 그녀는 가방을 들고 있어요.
② 그녀는 셔츠를 입고 있어요.
③ 그녀는 모자를 쓰고 있어요.
④ 그녀는 안경을 쓰고 있어요.

3 다음 문장에서 잘못된 부분을 찾아 바르게 고쳐 쓰세요.

> Je portes un jean. (X)

→ ....

4 다음 중 '당신은 검정색 가방을 메고 있군요'를 프랑스어로 올바르게 표현한 것을 고르세요.

① Vous portez un sac noir.
② Nous portons des lunettes.

LEÇON 13

음원 바로 듣기

나 빵 좋아해.
J'aime le pain.

 오늘의 목표

- aimer 동사의 현재 시제 동사 변화
- 정관사
- 취향과 기호 표현하기

 오늘의 어휘

빵	pain (n.m.) 빵	와인	vin (n.m.) v뱅
새	oiseau (n.m.) 우아z조	물고기	poisson (n.m.) 뿌아쏭
바다	mer (n.f.) 메ㅎ	산	montagne (n.f.) 몽딴뉴

aimer 동사

'좋아하다'라는 뜻으로 1군 동사예요. '주어 인칭 대명사 + 동사'는 항상 연음해요. aimer 동사 역시 모음으로 시작하는 동사이므로 주어 인칭 대명사와 연음하여 발음해요. 또한 모음 또는 무성 h로 시작하는 동사 앞에서 Je 주어는 J'로 축약해요.

좋아하다: aimer (1군 동사)			
J'	aime 젬ㅁ	Nous 누	aimons z제몽
Tu 뛰	aimes 엠ㅁ	Vous v부	aimez z제메
Il / Elle 일 엘	aime 렘ㅁ	Ils / Elles 일 엘	aiment z젬ㅁ

정관사

관사는 명사 앞에 붙어서, 명사와 세트로 써야 하는 요소였죠? 함께 나오는 명사의 성과 수에 따라 각 관사별로 모양이 달라져요. 정관사는 '정해진 관사'라는 뜻으로, 영어의 the와 쓰임이 유사해요. 특정한 대상이나 일반적인 것을 지칭할 때 사용해요.

남성 단수	여성 단수	복수 (남성, 여성)
le 르	la 라	les 레

ATTENTION ! 모음이나 무성 h로 시작하는 단수 명사 앞에서는 l'로 축약해요.

물고기   **le poisson**
              르 뿌아쏭

새   **l'oiseau**
              루아z조

Leçon **13** 나 빵 좋아해. J'aime le pain.   **109**

정관사의 쓰임

▶ 정해진 사람이나 사물을 지칭할 때 / 이미 언급된 것을 말할 때

나는 원피스가 하나 있다. J'ai une robe.
그 원피스는 빨간색이다. 쮀 윈 홉
                        La robe est rouge.
                        라 홉 에 후쥬

물고기가 한마리 있다. Il y a un poisson.
그 물고기는 하얀색이다. 일리야 앙 뿌아쏭
                       Le possion est blanc.
                       르 뿌아쏭 에 블렁

▶ 일반적인 것 혹은 종류 전체를 지칭할 때

나는 물고기를 좋아한다. J'aime le poisson.
                        쮐 르 뿌아쏭

바다는 파랗다. La mer est bleue.
               라 메ㅎ 에 블뢰

aimer 동사 + 정관사

좋고 싫음을 나타내는 동사를 '기호 동사'라고 해요. aimer 동사도 기호 동사 중 하나입니다. 이 동사 뒤에 명사를 써 줄 땐 주로 정관사와 함께 써요.

나는 빵을 좋아해. J'aime le pain.
                  쮐 르 빵

나는 와인을 좋아해. J'aime le vin.
                    쮐 르 v방

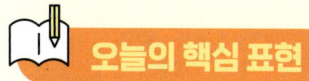 **오늘의 핵심 표현**

나는 빵을 좋아해.	J'aime le pain. 쥄 르 빵
너 빵 좋아해?	Tu aimes le pain ? 뛰 엠 르 빵
나는 하얀 새를 좋아해.	J'aime l'oiseau blanc. 쥄 루아z조 블렁
그는 와인을 좋아해.	Il aime le vin. 일렘 르 v방
그녀는 와인을 좋아해?	Elle aime le vin ? 엘렘 르 v방
우리는 바다를 좋아해.	Nous aimons la mer. 누z제몽 라 메ㅎ
산 좋아하세요?	Vous aimez la montagne ? v부z제메 라 몽딴뉴
그녀들은 물고기들 좋아해?	Elles aiment les poissons ? 엘z젬ㅁ 레 뿌아쏭
나는 레드 와인을 좋아해.	J'aime le vin rouge. 쥄 르 v방 후쥬
너는 화이트 와인 좋아해?	Tu aimes le vin blanc ? 뛰 엠 르 v방 블렁
그녀는 커피를 좋아해.	Elle aime le café. 엘렘 르 꺄f페
당신은 프랑스어를 좋아하시는군요.	Vous aimez le français. v부z제메 르 f프헝쎄

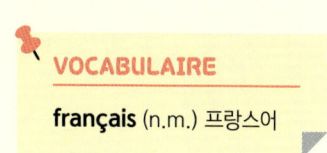

VOCABULAIRE

français (n.m.) 프랑스어

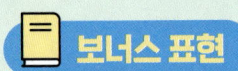 보너스 표현

 그럼 너는, 와인 좋아해?

Et toi, tu aimes le vin ?
에 뚜아 뛰 엠 르 v뱅

 그럼 너는, 산 좋아해?

Et toi, tu aimes la montagne ?
에 뚜아 뛰 엠 라 몽딴뉴

 오늘의 회화 완성!

 나는 빵 좋아해. 너는?

J'aime le pain. Et toi ?
쥄 르 빵 에 뚜아

 나도야! 빵은 나의 인생이야.

Moi aussi ! Le pain, c'est ma vie.
무아 오씨 르 빵 쎄 마 v비

 우리 둘 다 빵 좋아하네.

Nous deux, nous aimons le pain.
누 되 누z제몽 르 빵

 **잠깐 복습!**

1 각각에 해당하는 정관사를 쓰세요.

남성 단수	여성 단수	복수 (남성, 여성)

+ 모음이나 무성 h로 시작하는 단수 명사 앞에서는? _____

2 빈칸에 들어갈 가장 알맞은 말을 고르세요.

> J'aime _____ poisson.

① le　　　② la　　　③ les　　　④ l'

3 다음 문장을 프랑스어로 쓰고 친구에게 물어보세요.

너 바다 좋아해?

→ _____

4 다음 문장을 프랑스어로 쓰고 친구에게 물어보세요.

그들은 와인을 좋아해?

→ _____

Leçon 13 나 빵 좋아해. J'aime le pain.

LEÇON 14

내 스타일이야.
C'est mon truc.

음원 바로 듣기

오늘의 목표

- aimer 동사 + 동사 원형
- 취향을 나타내는 다양한 구어 표현
- 지시 형용사

오늘의 어휘

노래하다	chanter 성떼	걷다	marcher 막쉐
식당	restaurant (n.m.) 헤스또헝	음악	musique (n.f.) 뮈z지끄

 **오늘의 핵심 내용**

aimer + 동사 원형

aimer 동사 뒤에는 명사뿐만 아니라, 동사도 올 수 있어요. 그럴 땐 항상 동사 원형의 형태로 써 주면 돼요. '~하는 것을 좋아하다'로 표현할 수 있어요.

나는 노래하는 것을 좋아해. **J'aime chanter.**
쥅   셩떼

지시 형용사

지시 형용사는 '이', '그', '저'처럼 어떤 대상을 가리키며 쓰는 형용사예요. 항상 명사 앞에 쓰고 마찬가지로 명사의 성과 수에 따라 형태가 달라져요.

남성 단수	여성 단수	복수 (남성, 여성)
ce 쓰	**cette** 쎗뜨	**ces** 쎄

✅ **ATTENTION !** 모음이나 무성 h로 시작하는 남성 단수 명사 앞에서는 cet로 써요.

이 와인   **ce vin**
                  쓰   v방

이 원피스   **cette robe**
                  쎗   홉

이 원피스들   **ces robes**
                  쎄   홉

이 남자   **cet homme**
                  쎄똠므

kiffer 동사

kif라는 아랍어와 프랑스어 동사 어미 -er가 만나 은어처럼 사용하던 말이지만, 이제는 일상에서 aimer 동사와 비슷하게 사용돼요. kiffer 동사도 좋아하는 것을 말할 때 쓸 수 있고, 1군 동사와 동일하게 규칙적으로 변화해요.

좋아하다: kiffer (1군 동사)			
Je 쥬	**kiffe** 끼f	Nous 누	**kiffons** 끼f퐁
Tu 뛰	**kiffes** 끼f	Vous v부	**kiffez** 끼f페
Il / Elle 일 엘	**kiffe** 끼f	Ils / Elles 일 엘	**kiffent** 끼f

C'est mon truc !

'내 스타일이야!', '내 과야!'라는 뜻이에요. 어떤 것을 좋아한다고 할 때 자주 쓰는 표현이에요.

이 식당, 내 스타일이야.
Ce restaurant, c'est mon truc.
쓰 헤스또헝 쎄 몽 트휙

être fan de

말 그대로 '~의 팬이다'라는 뜻이에요. 어떤 것을 좋아한다고 할 때 자주 쓰는 표현이에요. 사람뿐만 아니라, 사물이나 장소 등에도 사용할 수 있어요.

나 이 식당 정말 좋아해.
Je suis fan de ce restaurant.
쥬 쒸 f판 드 쓰 헤스또헝

ATTENTION ! fan은 영어에서 온 단어여서 여성형도 형태가 달라지지 않아요!

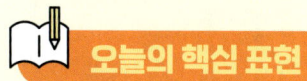 **오늘의 핵심 표현**

나는 노래하는 것을 좋아해.	J'aime chanter. 쥉 성떼
너 노래하는 거 좋아해?	Tu aimes chanter ? 뛰 엠 성떼
그는 걷는 거 좋아해?	Il aime marcher ? 일렘 막쉐
그들은 걷는 것을 좋아해.	Ils aiment marcher. 일z젬 막쉐
나는 이 와인 좋아해.	Je kiffe ce vin. 쥬 끼f 쓰 v방
너 와인 좋아해?	Tu kiffes le vin ? 뛰 끼f 르 v방
우리는 이 음악 좋아해.	Nous kiffons cette musique. 누 끼f퐁 쎗 뮈z지끄
이 음악들 좋아하세요?	Vous kiffez ces musiques ? v부 끼f페 쎄 뮈z지끄
이 음악 내 스타일이다.	Cette musique, c'est mon truc. 쎗 뮈z지끄 쎄 몽 트휙
나 이 음악 정말 좋아해!	Je suis fan de cette musique. 쥬 쒸 f판 드 쎗 뮈z지끄

Leçon **14 내 스타일이야.** C'est mon truc.

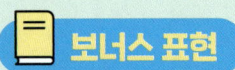 **보너스 표현**

 이 식당, 내 스타일 아니야.

Ce resto, c'est pas mon truc.
쓰 헤스또 쎄 빠 몽 트휙

 이 원피스, 내 스타일 아니야.

Cette robe, c'est pas mon truc.
쎗 호브 쎄 빠 몽 트휙

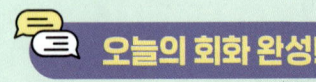 **오늘의 회화 완성!**

 오, 이 와인 내 스타일이야.

Oh, ce vin, c'est mon truc.
오 쓰 v방 쎄 몽 트휙

 나 이 식당 좋아해.

Je kiffe ce resto.
쥬 끼f 쓰 헤스또

 인정!

Je valide !
쥬 v발리드

 **잠깐 복습!**

1 다음 문장을 aimer 동사를 사용해 프랑스어로 쓰세요.

나는 걷는 것을 좋아해.
→ _____

2 빈칸에 들어갈 가장 알맞은 표현을 고르세요.

Tu kiffes _____ musique ?

① ce ② cette
③ ces ④ cet

3 주어진 단어를 활용해 프랑스어로 문장을 쓰고 발음해 보세요.

1) 이 식당, 내 스타일이야. (truc)
→ _____

2) 그녀는 이 음악 정말 좋아해. (fan)
→ _____

4 오늘 배운 표현을 활용해 내가 좋아하는 것을 쓰고 말해 보세요.

_____

LEÇON 15

너는 파리에 사는구나.
Tu habites à Paris.

음원 바로 듣기

오늘의 목표

- 도시 이름
- habiter 동사의 현재 시제 동사 변화
- 나는 어느 도시에 살고 있는지 표현하기

오늘의 어휘

파리	Paris 빠히	서울	Séoul 쎄울
도쿄	Tokyo 또꾜	로마	Rome 홈

habiter 동사

'살다', '거주하다'라는 의미의 1군 동사예요. 살고 있는 곳을 말할 때 쓸 수 있어요. '주어 인칭 대명사 + 동사'는 항상 연음해요. 무성 h로 시작하는 동사이므로 Je 주어는 J'로 축약해요.

살다, 거주하다: habiter (1군 동사)			
J' —	habite 쟈비뜨	Nous 누	habitons z자비똥
Tu 뛰	habites 아비뜨	Vous v부	habitez z자비떼
Il / Elle 일 엘	habite 라비뜨	Ils / Elles 일 엘	habitent z자비뜨

à + 도시 이름

à는 '~에', '~에서'라는 뜻을 가진 전치사예요. habiter 동사와 함께 쓰면 '~에 살다'라고 표현할 수 있겠죠? 도시 이름과 함께 쓸 때는 관사를 사용하지 않아요.

나는 파리에 산다.　　　　　**J'habite à Paris.**
　　　　　　　　　　　　　쟈비뜨　아 빠히

où

'어디(에)'라는 의문 부사예요.

너는 어디에 살아?　　　　　**Tu habites où ?**
　　　　　　　　　　　　　뛰　아비뜨　우

오늘의 핵심 표현

나는 파리에 살아.	**J'habite à Paris.** 쟈비뜨　　아 빠히
너 파리에 사는구나.	**Tu habites à Paris.** 뛰 아비뜨　　아 빠히
그는 어디에 살아?	**Il habite où ?** 일라비뜨　　우
그는 서울에 살아.	**Il habite à Séoul.** 일라비뜨　　아 쎄울
그녀는 어디에 살아?	**Elle habite où ?** 엘라비뜨　　우
그녀는 도쿄에 살아.	**Elle habite à Tokyo.** 엘라비뜨　　아 또꾜
우리는 서울에 살아.	**Nous habitons à Séoul.** 누z자비똥　　아 쎄울
어디에 사세요?	**Vous habitez où ?** v부z자비떼　　우
그들은 어디에 살아?	**Ils habitent où ?** 일z자비뜨　　우
그들은 로마에 살아.	**Ils habitent à Rome.** 일z자비뜨　　아 홈

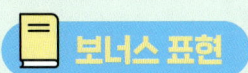 **보너스 표현**

 나는 혼자서 파리에 산다.
J'habite à Paris tout seul.
쟈비뜨   아 빠히   뚯 쐴

 나는 혼자서 서울에 산다.
J'habite à Séoul toute seule.
쟈비뜨   아 쎄울   뚯 쐴

 **오늘의 회화 완성!**

 너 어디에 살아? 혼자 살아?
Tu habites où ? Tu habites tout seul ?
뛰 아비뜨   우   뛰 아비뜨   뚯 쐴

 응, 나 파리에 혼자 살아.
Oui, j'habite à Paris tout seul.
위   쟈비뜨   아 빠히   뚯 쐴

나는 로마에 살아.
Moi, j'habite à Rome.
무아   쟈비뜨   아 홈

Leçon **15** 너는 파리에 사는구나. Tu habites à Paris.

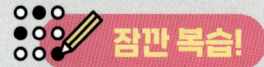 잠깐 복습!

1 habiter 동사를 각 주어에 맞게 변화시켜 보세요.

J'		Nous	
Tu		Vous	
Il / Elle		Ils / Elles	

2 '그녀는 도쿄에 산다'를 프랑스어로 올바르게 나타낸 것을 고르세요.

① Elle habite à Séoul.

② Elle habites à Tokyo.

③ Elle habite à Tokyo.

④ Elle habitons à Tokyo.

3 '그들은 어디에 살아?'를 프랑스어로 올바르게 나타낸 것을 고르세요.

① Ils habites où ?

② Ils habitent où ?

③ Tu habites où ?

④ Il habite où ?

4 다음 문장을 프랑스어로 쓰세요.

1) (남자인 친구에게) 너는 혼자 살아?
   → _____

2) (여자인 친구에게) 너는 혼자 살아?
   → _____

5 '그녀는 로마에 혼자 살아'를 프랑스어로 올바르게 나타낸 것을 고르세요.

① Elle habite à Rome toute seule.
② Elle habites à Rome toute seule.
③ Elle habite à Rome tout seul.
④ Elle habite à Paris.

6 다음 문장을 프랑스어로 쓰고 발음해 보세요.

당신은 어디에 사세요?
→ _____

7 오늘 배운 표현을 활용해 내가 어떤 도시에 사는지 쓰고 말해 보세요.

_____

LEÇON 16

오늘도 출근합니다.
Je vais au travail aujourd'hui.

오늘의 목표

- aller 동사의 현재 시제 동사 변화
- ~에 가다: aller à
- 축약 관사 (à + 정관사)

오늘의 어휘

일, 직장	travail (n.m.) 트하v바이	공항	aéroport (n.m.) 아에호뽀ㅎ
수영장	piscine (n.f.) 삐씬ㄴ	화장실	toilettes (n.f.pl.) 뚜알렛뜨

오늘의 핵심 내용

aller 동사

장소의 이동을 나타내는 '가다'의 의미를 가지고 있어요. -er로 끝나지만, 3군 불규칙 동사로 변화형이 일정하지 않습니다. 모음으로 시작하는 변화형은 주어 인칭 대명사와 연음하기로 했죠? 주어 인칭 대명사와 동사의 변화형을 함께 여러 번 발음하며 익숙해져 보도록 해요.

가다: aller (3군 불규칙 동사)			
Je 쥬	vais v베	Nous 누	allons z잘롱
Tu 뛰	vas v바	Vous v부	allez z잘레
Il / Elle 일 엘	va v바	Ils / Elles 일 엘	vont v봉

aller à

aller 동사는 à와 함께 쓸 때가 많아요. à는 '~에', '~에서'라는 의미의 장소 전치사예요. aller 동사와 함께 쓰면 '~에 가다'라고 표현할 수 있어요. 도시 이름에는 관사를 사용하지 않아요.

나는 파리에 간다.　　　**Je vais à Paris.**
　　　　　　　　　　　쥬　v베　아 빠히

너는 서울에 가니?　　　**Tu vas à Séoul ?**
　　　　　　　　　　　뛰　v바　아 쎄울

'à + 정관사' 축약

전치사 à 뒤에 정관사가 올 경우, 축약을 해 주는 규칙이 있어요. à 뒤에 le가 오면 au로 축약하고, la가 오면 그대로 à la, les가 오면 aux로 축약해요.

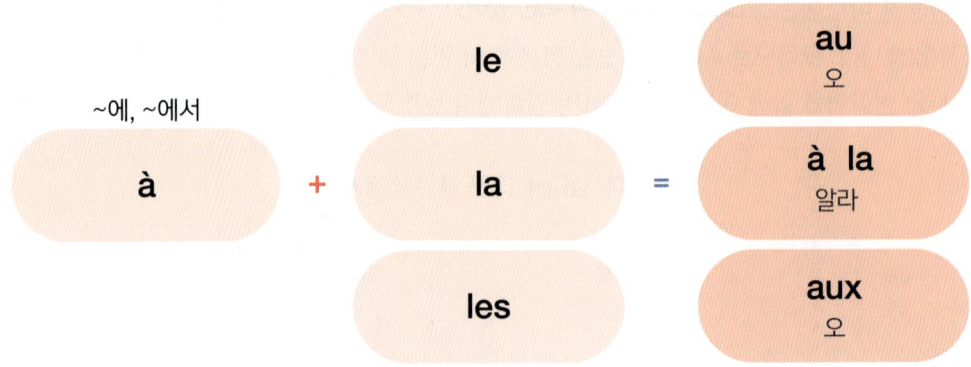

✓ ATTENTION ! 모음이나 무성 h로 시작하는 단수 명사 앞에서는 à l'로 축약해요.

직장에	**au travail** 오 트하v바이
수영장에	**à la piscine** 알라 삐씬ㄴ
화장실에	**aux toilettes** 오 뚜알렛ㄸ
공항에	**à l'aéroport** 아 라에호뽀ㅎ
나는 직장에 가요.	**Je vais au travail.** 쥬 v베 오 트하v바이
나는 수영장에 가요.	**Je vais à la piscine.** 쥬 v베 알라 삐씬ㄴ
나는 화장실에 가요.	**Je vais aux toilettes.** 쥬 v베 오 뚜알렛ㄸ
나는 공항에 가요.	**Je vais à l'aéroport.** 쥬 v베 아 라에호뽀ㅎ

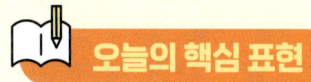 **오늘의 핵심 표현**

너 어디 가?	**Tu vas où ?** 뛰 v바 우
나는 회사 가. (출근해.)	**Je vais au travail.** 쥬 v베 오 트하v바이
그녀는 어디에 가?	**Elle va où ?** 엘 v바 우
그녀는 파리에 가.	**Elle va à Paris.** 엘 v바 아 빠히
우리는 공항에 가.	**Nous allons à l'aéroport.** 누z잘롱 아 라에호뽀ㅎ
당신은 수영장에 가는군요.	**Vous allez à la piscine.** v부z잘레 알라 삐씬ㄴ
그들은 화장실에 가.	**Ils vont aux toilettes.** 일 v봉 오 뚜알렛ㄸ
나는 학교에 가요.	**Je vais à l'école.** 쥬 v베 아 레꼴
그는 식당에 가요.	**Il va au restaurant.** 일 v바 오 헤스또헝
우리는 시장에 가요.	**Nous allons au marché.** 누z잘롱 오 막쉐
집에 가세요?	**Vous allez à la maison ?** v부z잘레 알라 메z종
그녀들은 병원에 가요.	**Elles vont à l'hôpital.** 엘 v봉 아 로삐딸

 VOCABULAIRE

école (n.f.) 학교 | **restaurant** (n.m.) 식당 | **marché** (n.m.) 시장 | **maison** (n.f.) 집 | **hôpital** (n.m.) 병원

Leçon **16** 오늘도 출근합니다. Je vais au travail aujourd'hui.

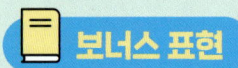 **보너스 표현**

 나는 오늘 출근한다.
Je vais au travail aujourd'hui.
쥬   v베   오   트하v바이 오쥬ㅎ뒤

 너는 오늘 수영장에 가는구나.
Tu vas à la piscine aujourd'hui.
뛰   v바   알라   삐씬ㄴ   오쥬ㅎ뒤

 오늘의 회화 완성!

 오늘 어디 가?
Tu vas où aujourd'hui ?
뛰   v바   우   오쥬ㅎ뒤

 나 오늘 출근해.
Je vais au travail aujourd'hui.
쥬   v베   오   트하v바이 오쥬ㅎ뒤

 이런, 안됐다.
Ah, c'est dommage.
아   쎄   도마쥬

1 다음 문장을 프랑스어로 쓰고 발음해 보세요.

1) 나는 출근한다. (나는 직장에 간다.)
   → _____

2) 당신은 수영장에 가세요?
   → _____

2 다음 중 '우리는 화장실에 간다'를 올바르게 표현한 프랑스어 문장을 고르세요.

① Nous allons à la toilettes.
② Nous vont aux toilettes.
③ Nous allons aux toilettes.
④ Nous allons au toilettes.

3 친구에게 어디 가는지 묻는 문장을 써 보세요.

_____

4 오늘 내가 어디 가는지 쓰고 말해 보세요.

_____

LEÇON 17

내일 뭐 할 거야?
Tu vas faire quoi demain ?

오늘의 목표

- 시간 표현
- 국가명
- 가까운 미래 표현: aller 동사 현재 시제 + 동사 원형

오늘의 어휘

주말	week-end (n.m.) 위껜드	저녁	soir (n.m.) 쑤아ㅎ
이번 주말	ce week-end (n.m.) 쓰 위껜드	오늘 저녁	ce soir (n.m.) 쓰 쑤아ㅎ
내일	demain 드망	TV	télé (n.f.) 뗄레

 **오늘의 핵심 내용**

근접 미래

'aller 동사 현재 시제 + 동사 원형'으로 가까운 미래를 표현할 수 있어요. aller 동사의 현재형을 말할 줄 알면, 가까운 미래 표현까지 가능해지겠죠?

나는 파리에 갈 것이다.　　　　**Je vais aller à Paris.**
　　　　　　　　　　　　　　　쥬　v베　알레　아 빠히

그는 출근할 것이다.　　　　　　**Il va aller au travail.**
　　　　　　　　　　　　　　　일 v바 알레　　오　트하v바이

남성/복수 국가 명사

국가 명사에도 남성 명사, 여성 명사, 복수 명사가 존재해요. '(어떤 국가)에, 에서'라고 말할 때는 à와 함께 사용하면 되는데, 마찬가지로 축약된 형태로 쓰여요. à 뒤에 남성 국가 명사가 올 때는 au를, à 뒤에 복수형 국가 명사가 올 때는 aux를 써요.

캐나다	le Canada 르　　까나다	캐나다에(서)	au Canada 오　　까나다
일본	le Japon 르　쟈뽕	일본에(서)	au Japon 오　쟈뽕
미국	les États-Unis 레z제따z쥐니	미국에(서)	aux États-Unis 오z제따z쥐니

나는 캐나다에 간다.　　　　　　**Je vais au Canada.**
　　　　　　　　　　　　　　　쥬　v베　오　까나다

너는 일본에 간다.　　　　　　　**Tu vas au Japon.**
　　　　　　　　　　　　　　　뛰　v바　오　쟈뽕

그는 미국에 간다.　　　　　　　**Il va aux États-Unis.**
　　　　　　　　　　　　　　　일 v바　오z제따z쥐니

Leçon 17 내일 뭐 할 거야? Tu vas faire quoi demain ?

여성 국가 명사

à 뒤에 여성 국가 명사가 올 땐 à la가 아닌 새로운 전치사 en을 사용하는 규칙이 있어요.

프랑스	la France 라 f프헝ㅆ	프랑스에(서)	en France 엉 f프헝ㅆ
한국	la Corée 라 꼬헤	한국에(서)	en Corée 엉 꼬헤
이탈리아	l'Italie 리딸리	이탈리아에(서)	en Italie 어니딸리

ATTENTION ! -e로 끝나는 국가명은 대부분 여성 명사예요!

우리는 프랑스에 간다. **Nous allons en France.**
누z잘롱   엉 f프헝ㅆ

너희는 한국에 간다. **Vous allez en Corée.**
v부z잘레   엉   꼬헤

그들은 이탈리아에 간다. **Ils vont en Italie.**
일 v봉   어니딸리

여러 가지 동사 맛보기

자주 쓰이는 동사를 활용해 가까운 미래에 대해 이야기해 봐요!

떠나다	공부하다	보다
partir 빠띠ㅎ	étudier 에뛰디에	regarder 흐갸흐데

나는 떠날 것이다. **Je vais partir.**
쥬 v베 빠띠ㅎ

 **오늘의 핵심 표현**

나는 프랑스에 갈 거야.   **Je vais aller en France.**
쥬 v베 알레 엉 f프헝ㅆ

나는 내일 프랑스에 갈 거야.   **Je vais aller en France demain.**
쥬 v베 알레 엉 f프헝ㅆ 드망

나는 내일 일본에 갈 거야.   **Je vais aller au Japon demain.**
쥬 v베 알레 오 쟈뽕 드망

너 떠날 거야?   **Tu vas partir ?**
뛰 v바 빡띠ㅎ

너 이번 주말에 떠날 거야?   **Tu vas partir ce week-end ?**
뛰 v바 빡띠ㅎ 쓰 위껜ㄷ

그는 TV 볼 거야.   **Il va regarder la télé.**
일 v바 흐갸흐데 라 뗄레

그녀는 TV 볼 거야.   **Elle va regarder la télé.**
엘 v바 흐갸흐데 라 뗄레

우리는 일본에 갈 거야.   **Nous allons aller au Japon.**
누z잘롱 알레 오 쟈뽕

당신은 오늘 저녁에 떠나세요?   **Vous allez partir ce soir ?**
v부z잘레 빡띠ㅎ 쓰 쑤아ㅎ

그들은 공부할 거예요.   **Ils vont étudier.**
일 v봉 에뛰디에

그녀들은 내일 공부할 거예요.   **Elles vont étudier demain.**
엘 v봉 에뛰디에 드망

 보너스 표현

 나는 곧 떠날 거야.

Je vais partir bientôt.
쥬 v베   빠띠ㅎ   비앙또

 나는 곧 공부할 거야.

Je vais étudier bientôt.
쥬 v베   에뛰디에   비앙또

 오늘의 회화 완성!

 내일 뭐 할 거야?

Tu vas faire quoi demain ?
뛰 v바   f페ㅎ   꾸아   드망

 TV 볼 거야.

Je vais regarder la télé.
쥬 v베   흐갸흐데   라 뗄레

 나는 공부할 거야.

Je vais étudier.
쥬 v베   에뛰디에

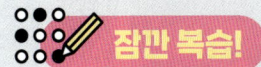

1 다음 문장을 프랑스어로 쓰고 발음해 보세요.

1) 나는 프랑스에 갈 거야. → _____

2) 나는 일본에 갈 거야. → _____

3) 나는 TV를 볼 거야. → _____

4) 나는 공부할 거야. → _____

2 다음 중 '그녀는 미국에 갈 거야'를 올바르게 표현한 프랑스어 문장을 고르세요.

① Elle vas aux États-Unis.

② Elle aller va aux États-Unis.

③ Elle va aller aux États-Unis.

④ Elle va aller à les États-Unis.

3 내일 무엇을 할 것인지 쓰고 말해 보세요.

_____

4 여행 계획이 있다면 어디에 갈 예정인지 쓰고 말해 보세요.

_____

LEÇON 18

음원바로듣기

회사에서 오는 길이야.
Je viens du travail.

 오늘의 목표

- venir 동사의 현재 시제 동사 변화
- 어디에서 오는지와 출신지 표현하기
- 축약 관사 (de + 정관사)

 오늘의 어휘

병원	hôpital (n.m.) 오삐딸	(기차)역	gare (n.f.) 갸흐
빵집	boulangerie (n.f.) 불렁쥬히	약국	pharmacie (n.f.) f파흐마씨

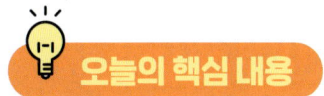

venir 동사

'(~에서) 온다'고 말하거나, 출신을 말할 때 쓰는 동사로, 3군 불규칙 동사예요.

오다: venir (3군 불규칙 동사)			
Je 쥬	viens v비앙	Nous 누	venons v브농
Tu 뛰	viens v비앙	Vous v부	venez v브네
Il / Elle 일 / 엘	vient v비앙	Ils / Elles 일 / 엘	viennent v비엔ㄴ

'de + 정관사' 축약

전치사 de 뒤에 정관사가 올 때도 축약해요. de 뒤에 le가 오면 du로 축약하고, la가 오면 그대로 de la, les가 오면 des로 축약해요.

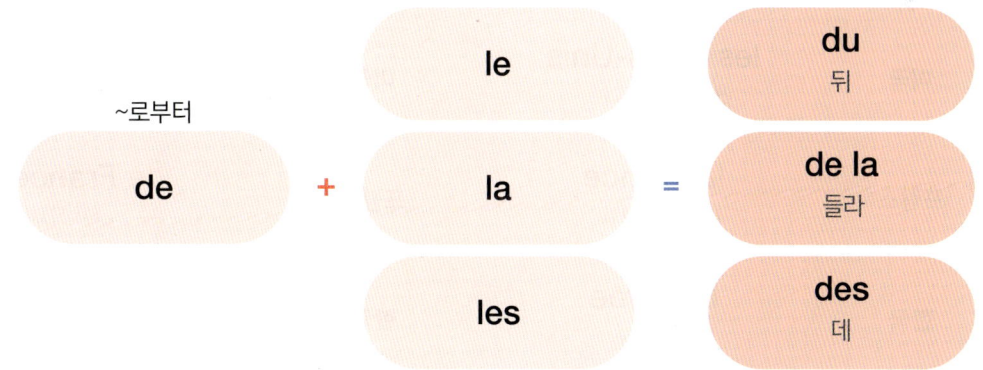

ATTENTION ! 모음이나 무성 h로 시작하는 단수 명사 앞에서는 de l'로 축약해요.

직장으로부터	**du travail** 뒤 트하v바이	역으로부터	**de la gare** 들라 갸ㅎ
화장실로부터	**des toilettes** 데 뚜알렛ㄸ	병원으로부터	**de l'hôpital** 드 로삐딸

나는 회사에서 와요.	**Je viens du travail.** 쥬　v비앙　뒤　트하v바이
나는 역에서 와요.	**Je viens de la gare.** 쥬　v비앙　들라　갸ㅎ
나는 화장실에서 와요.	**Je viens des toilettes.** 쥬　v비앙　데　뚜알렛뜨
나는 병원에서 와요.	**Je viens de l'hôpital.** 쥬　v비앙　드　로삐딸

de + 국가 명사

de 뒤에 국가 명사가 올 때도 de와 정관사가 축약되는데, de 뒤에 남성 국가 명사가 오면 du로, 복수형 국가 명사가 오면 des로 써요. 그런데 de 뒤에 여성 국가 명사가 오면 관사를 아예 쓰지 않고 de만 쓰는 규칙이 있어요.

캐나다	le Canada 르　꺄나다	캐나다에서	du Canada 뒤　꺄나다
일본	le Japon 르　쟈뽕	일본에서	du Japon 뒤　쟈뽕
미국	les États-Unis 레z제따z쥐니	미국에서	des États-Unis 데z제따z쥐니
프랑스	la France 라　f프헝ㅆ	프랑스에서	de France 드　f프헝ㅆ
한국	la Corée 라　꼬헤	한국에서	de Corée 드　꼬헤
이탈리아	l'Italie 리딸리	이탈리아에서	d'Italie 디딸리

ATTENTION ! 여기에서의 de는 '~로부터(from)'의 뜻으로 쓰여요. 위 표의 '~에서' 또한 '~로부터'라는 의미예요.

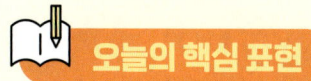 **오늘의 핵심 표현**

나는 한국에서 왔어.　　　　　　Je viens de Corée.
　　　　　　　　　　　　　　　쥬　v비앙　드　꼬헤

나는 프랑스에서 왔어.　　　　　Je viens de France.
　　　　　　　　　　　　　　　쥬　v비앙　드　f프헝ㅆ

너 어디에서 오는 거야?　　　　　Tu viens d'où ?
　　　　　　　　　　　　　　　뛰　v비앙　두

나 역에서 오는 거야.　　　　　　Je viens de la gare.
　　　　　　　　　　　　　　　쥬　v비앙　들라　갸ㅎ

그녀는 빵집에서 오는 거야?　　　Elle vient de la boulangerie ?
　　　　　　　　　　　　　　　엘　v비앙　들라　불렁쥬히

너 병원에서 오는 거야?　　　　　Tu viens de l'hôpital ?
　　　　　　　　　　　　　　　뛰　v비앙　드　로삐딸

우리는 캐나다에서 왔어요.　　　　Nous venons du Canada.
　　　　　　　　　　　　　　　누　v브농　뒤　꺄나다

공항에서 오시는 거예요?　　　　　Vous venez de l'aéroport ?
　　　　　　　　　　　　　　　v부　v브네　드　라에호뽀ㅎ

그들은 약국에서 오는 거야.　　　Ils viennent de la pharmacie.
　　　　　　　　　　　　　　　일　v비엔ㄴ　들라　f파흐마씨

저는 미국에서 왔어요.　　　　　Je viens des États-Unis.
　　　　　　　　　　　　　　　쥬　v비앙　데z제따z쥐니

너는 일본에서 왔니?　　　　　　Tu viens du Japon ?
　　　　　　　　　　　　　　　뛰　v비앙　뒤　쟈뽕

당신은 이탈리아에서 오셨군요.　　Vous venez d'Italie.
　　　　　　　　　　　　　　　v부　v브네　디딸리

우리는 시장에서 오는 거야.　　　Nous venons du marché.
　　　　　　　　　　　　　　　누　v브농　뒤　막쉐

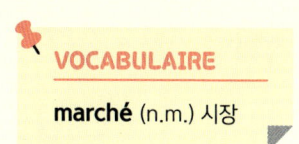

VOCABULAIRE

marché (n.m.) 시장

Leçon 18 회사에서 오는 길이야. Je viens du travail.

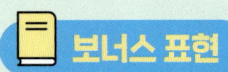 **보너스 표현**

나는 방금 역에서 왔어.
Je viens juste de la gare.
쥬 v비앙 쥐스ㄸ 들라 갸ㅎ

나는 방금 빵집에서 왔어.
Je viens juste de la boulangerie.
쥬 v비앙 쥐스ㄸ 들라 불렁쥬히

 **오늘의 회화 완성!**

어디서 오는 거야?
Tu viens d'où ?
뛰 v비앙 두

빵집에서 오는 길이야.
Je viens de la boulangerie.
쥬 v비앙 들라 불렁쥬히

딱이네, 나 배고파 죽겠어!
Parfait, je meurs de faim !
빡f페 쥬 뫼ㅎ 드 f팡

 **잠깐 복습!**

1 다음 문장을 프랑스어로 쓰고 발음해 보세요.

1) 나는 한국에서 왔어.
   → _____

2) 나는 일본에서 왔어.
   → _____

2 다음 문장을 프랑스어로 쓰고 발음해 보세요.

1) 나는 회사에서 오는 거야.
   → _____

2) 나는 병원에서 오는 거야.
   → _____

3 빈칸에 들어갈 가장 알맞은 말을 고르세요.

> **A:** Tu viens d'où ?
> **B:** Je viens _____ .

① du pharmacie　　　　　② de la pharmacie

③ de le pharmacie　　　　④ des pharmacie

4 나는 어느 나라 출신인지 쓰고 말해 보세요.

_____

LEÇON 19

나 방금 출발했어.
Je viens de partir.

 오늘의 목표

- 시간 표현
- 전치사 il y a
- 근접 과거: venir 동사 현재 시제 + de + 동사 원형

 오늘의 어휘

숙제(들)	devoirs (n.m.pl.) 드v부아ㅎ	스테이크	steak (n.m.) 스떼끄
일, 날	jour (n.m.) 쥬ㅎ	분	minute (n.f.) 미뉘뜨

 **오늘의 핵심 내용**

근접 과거

'venir 동사 현재 시제 + de + 동사 원형'은 '(방금, 막) ~를 했다'라는 의미로 가까운 과거를 나타내요.

나는 (방금) 출발했어.   **Je viens de partir.**
쥬 v비앙 드 빡띠ㅎ

여러 가지 동사 맛보기

자주 쓰이는 동사들을 활용해 가까운 과거에 대해 이야기해 봐요!

도착하다	끝내다	먹다
arriver	**finir**	**manger**
아히v베	f피니ㅎ	멍줴

나는 (방금) 도착했어.   **Je viens d'arriver.**
쥬 v비앙 다히v베

전치사 il y a

il y a는 '~가 있다'라는 표현뿐만 아니라, 전치사로 쓰여 '~전에'라는 뜻도 있어요. 이 경우에는 뒤에 시간 표현이 와요.

1분 전에   **il y a une minute**
일리야 윈 미뉘뜨

2분 전에   **il y a deux minutes**
일리야 되 미뉘뜨

하루 전에   **il y a un jour**
일리야 앙 쥬ㅎ

이틀 전에   **il y a deux jours**
일리야 되 쥬ㅎ

☑ ATTENTION ! 시간 표현할 때 2 이상부터는 단위에 –s를 붙여 줘요.

오늘의 핵심 표현

나 (방금) 출발했어.
Je viens de partir.
쥬 v비앙 드 빡띠ㅎ

나는 (방금) 도착했어.
Je viens d'arriver.
쥬 v비앙 다히v베

나는 파리에 (방금) 도착했어.
Je viens d'arriver à Paris.
쥬 v비앙 다히v베 아 빠히

나는 파리에 이틀 전에 막 도착했어.
Je viens d'arriver à Paris il y a deux jours.
쥬 v비앙 다히v베 아 빠히 일리야 되 쥬ㅎ

이제 막 끝난 거야?
Tu viens de finir ?
뛰 v비앙 드 f피니ㅎ

숙제 다 한 거야?
Tu viens de finir les devoirs ?
뛰 v비앙 드 f피니ㅎ 레 드v부아ㅎ

그는 다 끝났대?
Il vient de finir ?
일 v비앙 드 f피니ㅎ

그녀는 10분 전에 (막) 밥 먹었어.
Elle vient de manger il y a dix minutes.
엘 v비앙 드 멍줴 일리야 디 미뉘뜨

우리는 (방금) 스테이크 먹었어.
Nous venons de manger un steak.
누 v브농 드 멍줴 앙 스떼끄

그들은 (막) 서울에 도착했어.
Ils viennent d'arriver à Séoul.
일 v비엔 다히v베 아 쎄울

그녀들은 (방금) 5분 전에 출발했어.
Elles viennent de partir
엘 v비엔 드 빡띠ㅎ
il y a cinq minutes.
일리야 쌍 미뉘뜨

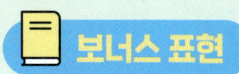 **보너스 표현**

 나는 방금 다 끝냈어.
Je viens de tout finir.
쥬 v비앙 드 뚜 f피니ㅎ

 나는 방금 다 먹었어.
Je viens de tout manger.
쥬 v비앙 드 뚜 멍줴

 오늘의 회화 완성!

 어디야?
Tu es où ?
뛰 에 우

 나 방금 출발했어.
Je viens de partir.
쥬 v비앙 드 빡띠ㅎ

 알았어, 기다릴게.
Ok, je t'attends.
오께 쥬 따떵

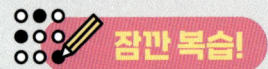 잠깐 복습!

1 '나는 (방금) 숙제 다 했어'를 프랑스어로 올바르게 쓴 문장을 고르세요.

① Je finis les devoirs.

② Je vais finir les devoirs.

③ Je viens finir les devoirs.

④ Je viens de finir les devoirs.

2 '그들은 방금 서울에 도착했어'를 프랑스어로 올바르게 쓴 문장을 고르세요.

① Ils viennent de partir à Séoul.

② Ils vont arriver à Séoul.

③ Ils viennent d'arriver à Séoul.

④ Ils arrivons à Séoul.

3 il y a cinq minutes의 알맞은 뜻을 고르세요.

① 5분 후에

② 5분 전에

③ 5분 동안

④ 5분 후부터

4 '나는 2분 전에 도착했어'를 올바르게 표현한 프랑스어 문장을 고르세요.

① Je viens d'arriver dans deux minutes.

② J'arrive de douze minutes.

③ Je viens d'arriver il y a deux minutes.

④ J'arrive de deux minutes.

5 다음 문장을 프랑스어로 쓰세요.

1) 나는 방금 스테이크를 먹었어.
   → _____

2) 그녀들은 5분 전에 막 출발했어.
   → _____

3) 당신은 방금 끝냈군요.
   → _____

6 다음 중 빈칸에 들어갈 알맞은 단어를 고르세요.

| 나는 방금 (모든 것을) 다 먹었어. → Je viens de _____ manger. |

① rien　　　　　　　② tout　　　　　　　③ quelque chose

LEÇON 20

나 일하는 중이야.
Je suis en train de travailler.

음원바로듣기

 오늘의 목표

- 현재 진행형: être en train de + 동사 원형
- 다양한 동사들
- 지금 하고 있는 것에 대해 표현하기

 오늘의 어휘

식사	repas (n.m.) 흐빠	샤워	douche (n.f.) 두슈
거실	salon (n.m.) 쌀롱	방	chambre (n.f.) 셩브흐

 **오늘의 핵심 내용**

현재 진행 시제

'être en train de + 동사 원형'으로 진행 중인 것을 표현할 수 있어요. être 동사는 현재 시제로 써요.

나 공부하는 중이야.　　　　　**Je suis en train d'étudier.**
　　　　　　　　　　　　　　쥬　쒸　엉　트항　데뛰디에

여러 가지 동사 맛보기

자주 쓰이는 동사들을 활용해 현재 진행 중인 것에 대해 이야기해 봐요!

일하다	**travailler** 트하v바이예
자다	**dormir** 도흐미ㅎ
(행동 등을) 취하다	**prendre** 프헝드흐
샤워를 하다	**prendre une douche** 프헝드흐　윈　두슈
식사를 하다	**prendre un repas** 프헝드흐　앙　흐빠

나 일하는 중이야.　　　　　**Je suis en train de travailler.**
　　　　　　　　　　　　　쥬　쒸　엉　트항　드　트하v바이예

dans

'~안에(서)'라는 뜻의 전치사이며, 뒤에는 주로 장소 및 공간이 와요.

거실 (안)에서　　　　　**dans le salon**
　　　　　　　　　　　덩　　르 쌀롱

Leçon **20**　나 일하는 중이야. Je suis en train de travailler.

오늘의 핵심 표현

나 공부 중이야.
Je suis en train d'étudier.
쥬 쒸 엉 트항 데뛰디에

나 거실에서 공부 중이야.
Je suis en train d'étudier dans le salon.
쥬 쒸 엉 트항 데뛰디에 덩 르 쌀롱

너 일하는 중이야?
Tu es en train de travailler ?
뛰 에 엉 트항 드 트하v바이예

그는 자는 중이야.
Il est en train de dormir.
일레 엉 트항 드 도흐미ㅎ

그는 샤워 중이야.
Il est en train de prendre une douche.
일레 엉 트항 드 프헝드흐 윈 두슈

그녀는 식사 중이야.
Elle est en train de prendre un repas.
엘레 엉 트항 드 프헝드흐 앙 흐빠

우리는 일하는 중이야.
Nous sommes en train de travailler.
누 쏨 엉 트항 드 트하v바이예

우리는 방에서 일하는 중이야.
Nous sommes en train de travailler
누 쏨 엉 트항 드 트하v바이예
dans la chambre.
덩 라 셩브흐

식사 중이세요?
Vous êtes en train de prendre un repas ?
v부z젯ㄸ 엉 트항 드 프헝드흐 앙 흐빠

그들은 식사 중이야.
Ils sont en train de prendre un repas.
일 쏭 엉 트항 드 프헝드흐 앙 흐빠

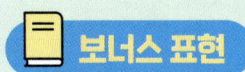 **보너스 표현**

 그는 아직 자는 중이야.

Il est encore en train de dormir.
일레 엉꼬ㅎ 엉 트항 드 도흐미ㅎ

 그녀는 아직 일하는 중이야.

Elle est encore en train de travailler.
엘레 엉꼬ㅎ 엉 트항 드 트하v바이예

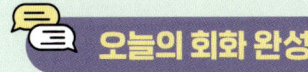 **오늘의 회화 완성!**

 너 뭐 해?

Tu fais quoi ?
뛰 f페 꾸아

 나 일하는 중이야.

Je suis en train de travailler.
쥬 쒸 엉 트항 드 트하v바이예

 힘내!

Courage !
꾸하쥬

1 다음 문장을 프랑스어로 쓰고 발음해 보세요.

1) 나는 일하는 중이야.
   → _____

2) 그는 샤워 중이야.
   → _____

2 '우리는 거실에서 공부 중이야'를 올바르게 표현한 프랑스어 문장을 고르세요.

① Nous sommes en train de étudier dans le salon.

② Nous sommes en train d'étudier dans le salon.

③ Nous sommes en train d'étudier à le salon.

④ Nous sommes en train de étudier salon.

3 다음 문장을 프랑스어로 쓰고 말해 보세요.

나는 지금 방에서 일하는 중이야.
→ _____

4 다음 문장을 프랑스어로 쓰고 말해 보세요.

식사 중이세요?
→ _____

5 다음 중 '그는 아직 자는 중이야'를 올바르게 표현한 프랑스어 문장을 고르세요.

① Il est en train de dormir.

② Il dort bien.

③ Il est encore en train de dormir.

④ Il dort déjà.

6 다음 문장을 프랑스어로 쓰고 말해 보세요.

그녀들은 아직 일하는 중이야.

→ _____

7 다음 중 빈칸에 들어갈 알맞은 단어를 고르세요.

| 나는 샤워하는 중이야. → Je suis _____ train de _____ une douche. |

① en, prendre   ② en, étudier

③ dans, prendre   ④ dans, étudier

8 다음 질문에 프랑스어로 답하세요.

| Vous faites quoi ? |

→ _____

LEÇON 21

12~20강 복습
Révision

음원 바로 듣기

오늘의 목표

- 1군 동사 복습
- aller 동사, venir 동사, 시제와 시간 표현 복습
- 유용한 표현들을 활용해 내 하루 일과 말하기

오늘의 어휘

파자마	pyjama (n.m.) 삐쟈마	바게트	baguette (n.f.) 바게뜨
아침	matin (n.m.) 마땅	저녁	soir (n.m.) 쑤아ㅎ

다음 한국어 뜻에 맞는 프랑스어 문장을 고르세요.

1 너 원피스 입고 있어?

　A. Tu portes une robe ?

　B. Il porte des lunettes ?

　C. Vous portez un pull blanc ?

2 나는 빵을 좋아해.

　A. J'aime un pain.

　B. J'aime le pain.

　C. J'aimes le pain.

3 이 음악 내 스타일이다.

　A. Je kiffe ce vin.

　B. Je suis fan de ce restaurant.

　C. Cette musique, c'est mon truc.

4 그녀는 어디에 살아?

　A. Où elle habite ?

　B. Elle où habite ?

　C. Elle habite où ?

5 나는 회사 가. (출근해.)

　A. Je vais à le travail.

　B. Je vais au travail.

　C. Je vais aux travail.

6 나는 내일 출근할 거야.

　A. Je vais au travail ce week-end.

　B. Je vais aller au travail demain.

　C. Je vais aller au travail bientôt.

7 그녀는 한국에서 왔어.

　A. Elle vient de Corée.

　B. Elle vient de la Corée.

　C. Elle viennent de la Corée.

8 너 숙제했어? (방금 끝냈어?)

　A. Il vient de finir ?

　B. Tu viens de partir ?

　C. Tu viens de finir les devoirs ?

Leçon 21 12~20강 복습 Révision

9 나는 파리에 이틀 전에 막 도착했어.

   A. Je viens arriver à Paris il y a deux jours.

   B. Je viens d'arriver à Paris il y a deux jours.

   C. Je viens d'arriver Paris il y a deux minutes.

10 그는 샤워 중이야.

   A. Il prend une douche le matin.

   B. Il est en train de prendre un repas.

   C. Il est en train de prendre une douche.

답: 1 A | 2 B | 3 C | 4 C | 5 B | 6 B | 7 A | 8 C | 9 B | 10 C

 **문법 한 걸음 더!**

루틴 말하기

반복되는 일상을 말할 때는 '아침', '오후', '저녁' 단어 앞에 정관사를 붙여요!

나는 아침에 출근한다.　　　　**Je vais au travail le matin.**
　　　　　　　　　　　　　　쥬　v베　　오　트하v바이　르　마땅

루틴을 말할 때 유용한 표현들

반복되는 일상에 대해 말할 때, 문장을 더욱더 풍부하게 만들어 주는 표현들이에요.

~하기 전에	**avant de** + 동사 원형 아v벙　드
~후에	**après** + 명사 아프헤
~를 위해	**pour** + 동사 원형/명사 뿌ㅎ
~와 함께	**avec** + 명사 아v벡

자기 전에　　　　　　　　　　**avant de dormir**
　　　　　　　　　　　　　　아v벙　　드　　도흐미ㅎ

퇴근 후에 (일을 한 후에)　　　 **après le travail**
　　　　　　　　　　　　　　아프헤　르　트하v바이

공부하기 위해　　　　　　　　**pour étudier**
　　　　　　　　　　　　　　뿌ㅎ　　에뛰디에

커피 한잔과 함께 (곁들여)　　　**avec un café**
　　　　　　　　　　　　　　아v벡껑　　꺄f페

🎓 표현 한 걸음 더!

▶ 아침 루틴 말하기

나는 아침에 출근한다.　　　　　　Je vais au travail le matin.
　　　　　　　　　　　　　　　　쥬　v베　오　트하v바이　르　마땅

출근하기 전에　　　　　　　　　　avant d'aller au travail
　　　　　　　　　　　　　　　　아v벙　달레　오　트하v바이

나는 커피 한 잔과 바게트 먹는 것을　J'aime manger une baguette
좋아한다.　　　　　　　　　　　　쥄　　멍줴　　원　　바게뜨
　　　　　　　　　　　　　　　　avec un café.
　　　　　　　　　　　　　　　　아v벡걍　　꺄f페

나는 아침에 출근한다. 출근하기 전에, 나는 커피 한 잔과 함께 바게트 먹는 것을 좋아한다.

Je vais au travail le matin. Avant d'aller au travail, j'aime manger une baguette avec un café.

▶ 저녁 루틴 말하기

일을 한 후에 (퇴근 후에)　　　　　après le travail
　　　　　　　　　　　　　　　　아프헤　르 트하v바이

나는 저녁에 도서관에 간다.　　　　Je vais à la bibliothèque le soir.
　　　　　　　　　　　　　　　　쥬　v베　알라　비블리오떼끄　르 쑤아ㅎ

프랑스어를 공부하기 위해　　　　　pour étudier le français
　　　　　　　　　　　　　　　　뿌ㅎ　에뛰디에　르 f프헝쎄

그리고 나는 자기 전에 파자마를 입는다.　Et je porte un pyjama avant de dormir.
　　　　　　　　　　　　　　　　에 쥬 뽁뜨　앙　삐쟈마　아v벙　드　도흐미ㅎ

일을 한 후에, 나는 프랑스어를 공부하기 위해 저녁에 도서관에 간다. 그리고 나는 자기 전에 파자마를 입는다.

Après le travail, je vais à la bibliothèque le soir pour étudier le français. Et je porte un pyjama avant de dormir.

MEMO

LEÇON 22

음원 바로 듣기

조금만 먹을 거야.
Je vais manger un peu.

 오늘의 목표

- 부분 관사
- manger 동사의 현재 시제 동사 변화
- manger 동사와 부분 관사를 함께 활용하기

 오늘의 어휘

닭고기	poulet (n.m.) 뿔레	잼	confiture (n.f.) 꽁f피뛰ㅎ
오믈렛	omelette (n.f.) 오믈렛뜨	강낭콩	haricot (n.m.) 아히꼬
물	eau (n.f.) 오	~와 함께	avec 아v벡

 **오늘의 핵심 내용**

부분 관사

'부분'을 나타내는 관사예요. 우리에게 없는 개념이라 생소하죠? 음식과 음료를 말할 때 자주 사용하는 관사인데, '일부', '약간'의 의미를 내포하고 있어요. 예를 들어, 보통 빵을 먹는다고 할 때 큰 빵의 '일부'를 먹는다는 개념을 가지고 말하기 때문에 부분 관사를 사용해요. 프랑스어에서는 그것인지(정관사), 하나인지(부정 관사), 조금인지(부분 관사)를 관사를 사용해 꼭 표현해 줘야 해요.

남성 단수	여성 단수	복수 (남성, 여성)
du 뒤	**de la** 들라	**des** 데

✓ ATTENTION ! 모음이나 무성 h로 시작하는 단수 명사 앞에서는 de l'로 축약해요.

잼　　　　　　　　　　**de la confiture**
　　　　　　　　　　　 들라　　꽁f피뛰ㅎ

물　　　　　　　　　　**de l'eau**
　　　　　　　　　　　 들로

부분 관사의 쓰임

▶ 주로 음식이나 음료와 같은 셀 수 없는 명사 앞

빵　　　　　　　　　　**du pain**
　　　　　　　　　　　 뒤　빵

▶ 감정이나 가치 등을 나타내는 추상 명사 앞

존경　　　　　　　　　**du respect**
　　　　　　　　　　　 뒤　헤스뻬

manger 동사

'먹다'를 의미하는 동사예요. 영어의 eat과 비슷해요. 먹는 것에 대해 말할 때 쓸 수 있어요. manger 동사와 같이 -ger로 끝나는 1군 동사는 약간의 변칙이 있어요. Nous 인칭 변화 시, 어간 mang 뒤에 e를 쓰고 -ons를 붙여요. mangons으로 쓰면 발음이 [멍공]이 되는데, 발음의 통일성을 위해 mangeons [멍죵]으로 발음하기 위해서죠.

먹다: manger (1군 동사 – 변칙)

Je 쥬	mange 멍쥬	Nous 누	mangeons 멍죵
Tu 뛰	manges 멍쥬	Vous v부	mangez 멍줴
Il / Elle 일 엘	mange 멍쥬	Ils / Elles 일 엘	mangent 멍쥬

나는 빵을 먹는다.
Je mange du pain.
쥬 멍쥬 뒤 빵

너는 빵을 먹는구나.
Tu manges du pain.
뛰 멍쥬 뒤 빵

그는 잼을 먹어.
Il mange de la confiture.
일 멍쥬 들라 꽁f피뛰ㅎ

우리는 잼을 먹어.
Nous mangeons de la confiture.
누 멍죵 들라 꽁f피뛰ㅎ

당신은 오믈렛을 드시는군요.
Vous mangez de l'omelette.
v부 멍줴 드 로믈렛ㄸ

그녀들은 오믈렛을 먹어.
Elles mangent de l'omelette.
엘 멍쥬 드 로믈렛ㄸ

 **오늘의 핵심 표현**

나는 빵을 먹는다. **Je mange du pain.**
쥬 멍쥬 뒤 빵

나는 잼과 함께 빵을 먹는다. **Je mange du pain avec de la confiture.**
쥬 멍쥬 뒤 빵 아v벡 들라 꽁f피뛰ㅎ

너 닭고기 먹니? **Tu manges du poulet ?**
뛰 멍쥬 뒤 뿔레

그는 오믈렛을 먹어? **Il mange de l'omelette ?**
일 멍쥬 드 로믈렛ㄸ

우리는 물과 함께 닭고기를 먹는다. **Nous mangeons du poulet avec de l'eau.**
누 멍죵 뒤 뿔레 아v벡 들로

강낭콩 드세요? **Vous mangez des haricots ?**
v부 멍줴 데 아히꼬

☑ **ATTENTION !** 준비 과에서 학습했듯이, haricot는 유음 h로 시작하는 단어이기 때문에 연음하지 않아요.

그들은 오믈렛을 빵과 함께 먹는다. **Ils mangent de l'omelette avec du pain.**
일 멍쥬 드 로믈렛ㄸ 아v벡 뒤 빵

그녀들은 오믈렛을 강낭콩과 함께 먹는다. **Elles mangent de l'omelette**
엘 멍쥬 드 로믈렛ㄸ
avec des haricots.
아v벡 데 아히꼬

너 치즈 먹어? **Tu manges du fromage ?**
뛰 멍쥬 뒤 f프로마쥬

우리는 닭고기와 함께 밥을 먹어요. **Nous mangeons du riz avec du poulet.**
누 멍죵 뒤 히 아v벡 뒤 뿔레

그녀들은 오믈렛과 함께 밥을 먹어요. **Elles mangent du riz avec de l'omelette.**
엘 멍쥬 뒤 히 아v벡 드 로믈렛ㄸ

VOCABULAIRE

fromage (n.m.) 치즈 | **riz** (n.m.) 밥, 쌀

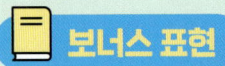 **보너스 표현**

 나는 빵을 조금 먹는다.
Je mange un peu de pain.
쥬 멍쥬 앙 뻬 드 빵

 나는 잼을 조금 먹는다.
Je mange un peu de confiture.
쥬 멍쥬 앙 뻬 드 꽁f피뛰ㅎ

 오늘의 회화 완성!

 나는 조금만 먹을 거야.
Je vais manger un peu.
쥬 v베 멍줴 앙 뻬

 너 다이어트 중이야?
Tu es au régime ?
뛰 에 오 헤쥠ㅁ

 아니, 배가 안 고파.
Non, j'ai pas faim.
농 줴 빠 f팡

1 다음 중 '나는 오믈렛을 먹는다'를 올바르게 표현한 프랑스어 문장을 고르세요.

① Je mange de l'omelette.

② Je mange du omelette.

③ Je manges de la omelette.

④ Je manges de l'omelette.

2 다음 문장을 프랑스어로 쓰고 발음해 보세요.

우리는 잼과 함께 빵을 먹는다.

→ _____

3 다음 문장을 프랑스어로 쓰고 발음해 보세요.

닭고기 드세요?

→ _____

4 내가 무엇을 먹고 있는지 프랑스어로 쓰고 말해 보세요.

_____

LEÇON 23

음원바로듣기

나는 커피 안 마셔.
Je ne bois pas de café.

 오늘의 목표

- boire 동사의 현재 시제 동사 변화
- 부정문의 de
- boire 동사

 오늘의 어휘

우유	lait (n.m.) 레	홍차	thé noir (n.m.) 떼 누아ㅎ
망고 주스	jus de mangue (n.m.) 쥐 드 멍그	알코올, 술	alcool (n.m.) 알꼴

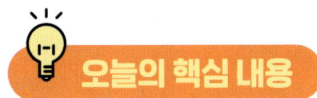

boire 동사

'마시다'를 의미하는 동사예요. 영어의 drink와 비슷해요. manger 동사를 배울 때 부분 관사와 함께 사용했죠? boire 동사도 부분 관사와 쓸 때가 많아요. 일반적으로 음료와 같은 액체는 셀 수 없다고 보기 때문이에요.

마시다: boire (3군 불규칙 동사)			
Je 쥬	**bois** 부아	Nous 누	**buvons** 뷔v봉
Tu 뛰	**bois** 부아	Vous v부	**buvez** 뷔v베
Il / Elle 일 엘	**boit** 부아	Ils / Elles 일 엘	**boivent** 부아v브

나는 커피를 마신다.　　　　**Je bois du café.**
　　　　　　　　　　　　　쥬　부아　뒤　꺄f페

당신은 커피를 마시는군요.　**Vous buvez du café.**
　　　　　　　　　　　　　v부　뷔v베　뒤　꺄f페

부정문의 de

부정문에서는 목적어의 자리에 부정 관사, 부분 관사가 올 때 de로 변해요. 많이 발음해 보며 익숙해져 볼까요?

ne ... pas + un / une / des du / de la / des → ne ... pas de

나는 커피를 마시지 않는다.　**Je ne bois pas de café.**
　　　　　　　　　　　　　쥬　느　부아　빠　드　꺄f페

 **오늘의 핵심 표현**

나는 물을 마신다.   Je bois de l'eau.
쥬 부아 들로

나는 술을 마신다.   Je bois de l'alcool.
쥬 부아 드 랄꼴

나는 물과 함께 술을 마신다.   Je bois de l'alcool avec de l'eau.
쥬 부아 드 랄꼴 아v벡 들로

나는 술 안 마셔.   Je ne bois pas d'alcool.
쥬 느 부아 빠 달꼴

너 우유 마셔?   Tu bois du lait ?
뛰 부아 뒤 레

너는 우유 안 마시는구나.   Tu ne bois pas de lait.
뛰 느 부아 빠 드 레

그는 홍차를 마셔.   Il boit du thé noir.
일 부아 뒤 떼 누아ㅎ

그녀는 홍차를 안 마셔.   Elle ne boit pas de thé noir.
엘 느 부아 빠 드 떼 누아ㅎ

우리는 망고 주스를 마신다.   Nous buvons du jus de mangue.
누 뷔v봉 뒤 쥐 드 멍그

우유 드세요?   Vous buvez du lait ?
v부 뷔v베 뒤 레

우유 안 드시는군요.   Vous ne buvez pas de lait.
v부 느 뷔v베 빠 드 레

그들은 망고 주스를 마신다.   Ils boivent du jus de mangue.
일 부아v브 뒤 쥐 드 멍그

그녀들은 망고 주스 안 마셔.   Elles ne boivent pas de jus de mangue.
엘 느 부아v브 빠 드 쥐 드 멍그

보너스 표현

 나는 술을 자주 마신다.
Je bois souvent.
쥬 부아   쑤v벙

 너는 홍차를 자주 마시는구나.
Tu bois souvent du thé noir.
뛰 부아   쑤v벙   뒤 떼 누아ㅎ

 **오늘의 회화 완성!**

 커피 마실래?
Tu veux du café ?
뛰 v뵈   뒤 꺄f페

 아니, 나는 커피 안 마셔.
Non, je ne bois pas de café.
농   쥬 느 부아 빠 드 꺄f페

 나는 커피 자주 마시는데.
Je bois souvent du café.
쥬 부아 쑤v벙   뒤 꺄f페

 잠깐 복습!

1 다음 중 '그녀들은 망고 주스를 마시지 않는다'를 올바르게 표현한 프랑스어 문장을 고르세요.

① Elles boivent pas du jus de mangue.
② Elles ne boivent pas de jus de mangue.
③ Elles ne boivent pas du jus de mangue.
④ Elles ne boit pas de jus de mangue.

2 괄호 안의 동사를 주어에 맞추어 알맞은 형태로 바꾸세요.

당신은 우유를 마시나요? → Vous _____ (boire) du lait ?

3 내가 자주 마시는 것에 대해 프랑스어로 쓰고 말해 보세요.

4 내가 마시지 않는 것에 대해 프랑스어로 쓰고 말해 보세요.

5 다음 부정문에서 부분 관사가 올바르게 쓰인 문장을 고르세요.

① Je ne bois pas du café.

② Je ne bois pas de café.

③ Je ne bois pas des cafés.

④ Je ne bois pas le café.

6 빈칸에 알맞은 말을 넣어 문장을 완성하세요.

그는 홍차를 마시지 않는다. → Il _____ boit _____ _____ thé noir.

7 다음 프랑스어 문장의 한국어 해석으로 알맞은 것을 고르세요.

> Tu ne bois pas d'alcool.

① 너는 술을 안 마시네.

② 너는 술을 자주 마시네.

③ 너는 술을 좋아하는구나.

④ 너는 술을 조금 마시는구나.

8 다음 문장을 프랑스어로 쓰세요.

우리는 우유를 자주 마셔.

→ _____

LEÇON 24

음원 바로 듣기

나는 빵오쇼콜라 하나를 먹는다.
Je mange un pain au chocolat.

 오늘의 목표

- 'à + 정관사' 축약 복습
- 음식의 재료와 맛까지 표현하기
- 부정 관사와 부분 관사 활용해서 음식 말하기

 오늘의 어휘

타르트	tarte (n.f.) 따흐뜨	민트	menthe (n.f.) 멍뜨
키슈	quiche (n.f.) 끼슈	사과	pomme (n.f.) 뽐ㅁ
샌드위치	sandwich (n.m.) 썽드위취	딸기	fraise (n.f.) f프헤z즈

 **오늘의 핵심 내용**

음식 속 au, à la, aux

음식 재료, 맛 등을 나타낼 때 'à + 정관사'로 표현할 수 있습니다. à 뒤에 정관사(le/la/les)가 오면 축약하여 au/à la/aux로 썼던 것을 떠올려 봅시다.

ATTENTION ! 모음이나 무성 h로 시작하는 단수 명사 앞에서는 à l'로 축약해요.

빵오쇼콜라(초콜릿이 들어간 빵)　　**pain au chocolat**
　　　　　　　　　　　　　　　　　빵　오　쇼꼴라

카페 라테(커피 + 우유)　　**café au lait**
　　　　　　　　　　　　　까f페　오　레

민트 티　　**thé à la menthe**
　　　　　　떼　알라　멍뜨

딸기 타르트　　**tarte aux fraises**
　　　　　　　　따흐뜨　오　f프헤z즈

음식과 부정 관사

음식, 음료는 기본적으로 부분 관사를 사용할 때가 많다고 했죠? 그런데 부정 관사를 사용할 수도 있답니다. 부정 관사 단수형은 '하나의'라는 의미를 가지고 있어요. 그래서 음식, 음료를 말할 때도 마찬가지로, 부정 관사와 함께 사용해 '~ 한 개', '~ 한 잔'으로 표현할 수 있어요.

빵오쇼콜라 한 개　　**un pain au chocolat**
　　　　　　　　　　앙　빵　오　쇼꼴라

카페 라떼 한 잔　　**un café au lait**
　　　　　　　　　앙　까f페　오　레

민트 티 한 잔　　**un thé à la menthe**
　　　　　　　　앙　떼　알라　멍뜨

딸기 타르트 한 개　　**une tarte aux fraises**
　　　　　　　　　　윈　따흐뜨　오　f프헤z즈

오늘의 핵심 표현

나는 빵오쇼콜라 하나를 먹는다.

Je mange un pain au chocolat.
쥬 멍쥬 앙 빵 오 쇼꼴라

너 카페 라테 한잔 마시고 있네.

Tu bois un café au lait.
뛰 부아 앙 꺄페 오 레

그는 딸기 타르트를 한 개 먹는다.

Il mange une tarte aux fraises.
일 멍쥬 윈 따흐뜨 오 f프헤z즈

그녀는 민트 티를 한잔 마신다.

Elle boit un thé à la menthe.
엘 부아 앙 떼 알라 멍뜨

우리는 사과 키슈들을 먹는다.

Nous mangeons des quiches aux
누 멍죵 데 끼슈 오
pommes.
뽐ㅁ

치킨 샌드위치 (하나) 드세요?

Vous mangez un sandwich au poulet ?
v부 멍줴 앙 썽드위취 오 뿔레

그들은 빵오쇼콜라들을 먹는다.

Ils mangent des pains au chocolat.
일 멍쥬 데 빵 오 쇼꼴라

그녀들은 카페 라테 한잔과 함께 빵오쇼콜라들을 먹는다.

Elles mangent des pains au chocolat
엘 멍쥬 데 빵 오 쇼꼴라
avec un café au lait.
아v벡깡 꺄f페 오 레

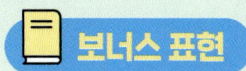 **보너스 표현**

 나는 빵오쇼콜라 하나 먹을 거야.
Je vais manger un pain au chocolat.
쥬 v베 멍줴 앙 빵 오 쇼꼴라

 그는 카페 라테 마실 거야.
Il va boire un café au lait.
일 v바 부아ㅎ 앙 꺄f페 오 레

 오늘의 회화 완성!

 나 빵오쇼콜라 먹는다.
Je mange un pain au chocolat.
쥬 멍쥬 앙 빵 오 쇼꼴라

 내가 제일 좋아하는 거잖아!
C'est mon préféré !
쎄 몽 프헤f페헤

 여기 네 거.
C'est pour toi.
쎄 뿌ㅎ 뚜아

1 빈칸에 들어갈 알맞은 축약 형태를 고르세요.

> café _____ lait

① au ② à la
③ aux ④ à l'

2 빈칸에 들어갈 알맞은 축약 형태를 고르세요.

> Nous mangeons des quiches _____ pommes.

① au ② à la
③ aux ④ à l'

3 다음 프랑스어 단어들을 올바른 순서로 배열해 문장을 완성하세요.

> au / chocolat / mange / pain / un / je

나는 빵오쇼콜라를 한 개 먹는다.

➔ _____

4 빈칸에 알맞은 말을 넣어 다음 문장을 완성하세요.

우리는 사과 키슈를 먹는다. → Nous _____ des quiches _____ _____.

5 다음 문장을 프랑스어로 쓰고 발음해 보세요.

나는 카페 라테 한잔과 함께 빵오쇼콜라 하나를 먹는다.
→ _____

6 다음 문장을 프랑스어로 쓰고 발음해 보세요.

당신은 치킨 샌드위치를 드시는군요.
→ _____

7 다음 중 '그녀는 민트 티를 한잔 마신다'를 올바르게 표현한 프랑스어 문장을 고르세요.

① Elle boit un thé au menthe.
② Elle boit une thé à la menthe.
③ Elle boit un thé à la menthe.
④ Elle bois un thé à la menthe.

LEÇON 25

난 이거 원해!
Je veux ça !

 오늘의 목표

- vouloir 동사의 현재 시제 동사 변화
- 원하는 것에 대해 표현하기

 오늘의 어휘

버터	beurre (n.m.) 뵈ㅎ	수프	soupe (n.f.) 쑵뻐
파스타	pâtes (n.f.pl.) 빠뜨	냅킨	serviette (n.f.) 쎄ㅎv비에뜨
칼, 나이프	couteau (n.m.) 꾸또	포크	fourchette (n.f.) f푹쉐뜨

 **오늘의 핵심 내용**

vouloir 동사

'원하다', '~하고 싶다'라는 의미의 동사예요. 영어의 want 동사와 비슷하죠. 이 동사는 3군 불규칙 동사예요. 주어 인칭 대명사에 따른 동사 변화형을 여러 번 발음해 익혀 보세요.

원하다: vouloir (3군 불규칙 동사)			
Je 쥬	veux v뵈	Nous 누	voulons v불롱
Tu 뛰	veux v뵈	Vous v부	voulez v불레
Il / Elle 일 엘	veut v뵈	Ils / Elles 일 엘	veulent v뵐르

나는 버터를 원해. **Je veux du beurre.**
 쥬 v뵈 뒤 뵈ㅎ

그는 버터를 원해. **Il veut du beurre.**
 일 v뵈 뒤 뵈ㅎ

당신은 냅킨 한 장을 원하세요? **Vous voulez une serviette ?**
 v부 v불레 윈 쎄ㅎv비에뜨

그녀들은 냅킨들을 원해요. **Elles veulent des serviettes.**
 엘 v뵐르 데 쎄ㅎv비에뜨

vouloir + 명사

vouloir 동사 뒤에는 음식, 음료, 사물 등이 올 수 있어요.

나는 빵을 원해. **Je veux du pain.**
 쥬 v뵈 뒤 빵

나는 포크를 원해. **Je veux une fourchette.**
 쥬 v뵈 윈 f푹쉐뜨

오늘의 핵심 표현

나는 버터랑 빵을 좀 원해. (먹을래.) **Je veux du pain avec du beurre.**
쥬 v뵈 뒤 빵 아v벡 뒤 뵈ㅎ

나는 냅킨을 한 장 원해. **Je veux une serviette.**
쥬 v뵈 윈 쎄ㅎv비에ㄸ

너 수프 좀 원해? (먹을래?) **Tu veux de la soupe ?**
뛰 v뵈 들라 쑵뻐

그는 물을 좀 원해. **Il veut de l'eau.**
일 v뵈 들로

그녀는 파스타를 좀 원해. **Elle veut des pâtes.**
엘 v뵈 데 빠ㄸ

그녀는 포크를 하나 원해. **Elle veut une fourchette.**
엘 v뵈 윈 f푹쉐ㄸ

우리는 파스타를 좀 원해. **Nous voulons des pâtes.**
누 v불롱 데 빠ㄸ

수프 좀 원하세요? **Vous voulez de la soupe ?**
v부 v불레 들라 쑵뻐

그들은 칼들을 원해. **Ils veulent des couteaux.**
일 v뵐ㄹ 데 꾸또

그녀들은 포크들을 원해. **Elles veulent des fourchettes.**
엘 v뵐ㄹ 데 f푹쉐ㄸ

📘 보너스 표현

저는 버터를 좀 원해요. (부탁합니다.)
Je voudrais du beurre.
쥬 v부드헤   뒤 뵈ㅎ

저는 포크를 하나 원해요. (부탁합니다.)
Je voudrais une fourchette.
쥬 v부드헤   윈   f푹쉐ㄸ

💬 오늘의 회화 완성!

빵 먹을래?
Tu veux du pain ?
뛰 v뵈   뒤 빵

응, 나 치즈랑 같이 빵 먹을래.
Oui, je veux du pain avec du fromage.
위   쥬 v뵈 뒤 빵   아v벡 뒤 f프호마쥬

좋아, 아주 프랑스스럽네!
Super, très français !
쒸뻬ㅎ   트헤 f프헝쎄

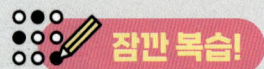 **잠깐 복습!**

1 빈칸에 들어갈 알맞은 동사의 형태를 고르세요.

> Je _____ du beurre.

① veux   ② veut   ③ veulent

2 다음 문장은 맞는 표현일까요? 틀린 문장이라면 바르게 고쳐 쓰세요.

1) Ils veux du pain.
   ① Vrai (맞다)
   ② Faux (틀리다) → _____

2) Vous voulez une serviette.
   ① Vrai (맞다)
   ② Faux (틀리다) → _____

3 다음 프랑스어 단어들을 올바른 순서로 배열해 문장을 완성하세요.

> veux / une / je / serviette

나는 냅킨 한 장을 원해.
→ _____

4 빈칸에 알맞은 말을 넣어 문장을 완성하세요.

그녀들은 포크들을 원해. → Elles _____ des _____.

5 다음 문장을 프랑스어로 쓰고 발음해 보세요.

나는 버터와 빵을 좀 원해(먹을래).

→ --

6 '그들은 칼들을 원해'를 프랑스어로 올바르게 쓴 것을 고르세요.

① Ils veulent des couteaux.

② Ils veulent un couteau.

③ Ils veulent du couteau.

7 다음 중 식당에서 직원이 '수프 좀 원하세요?'라고 말하는 것을 고르세요.

① Tu veux de la soupe ?

② Vous voulez de la soupe ?

③ Ils veulent de la soupe ?

8 식당에서 직원에게 '포크 하나 부탁합니다'라고 예의 있게 표현한 문장을 고르세요.

① Je veux une fourchette.

② Je voudrais une fourchette.

③ Tu veux une fourchette.

LEÇON 26

음원 바로 듣기

나는 요즘 나가고 싶어.
Je veux sortir en ce moment.

 오늘의 목표

- vouloir 동사 + 동사 원형
- 원하는 것에 대해 표현하기

 오늘의 어휘

노래하다	chanter 셩떼	구매하다	acheter 아슈떼
나가다	sortir 쏙띠ㅎ	머무르다, 남아 있다	rester 헤스떼
수첩	cahier (n.m.) 꺄이에	필통, 파우치	trousse (n.f.) 트후쓰

vouloir + 동사 원형

vouloir 동사 뒤에는 명사뿐만 아니라 동사 원형도 올 수 있어요. 동사 원형이 오면, '~하는 것을 원하다 (= ~하고 싶어)'라고 말할 수 있어요.

나는 빵을 먹고 싶어.	**Je veux manger du pain.** 쥬 v뵈 멍줴 뒤 빵
너는 빵을 먹고 싶니?	**Tu veux manger du pain ?** 뛰 v뵈 멍줴 뒤 빵
나는 물을 마시고 싶어.	**Je veux boire de l'eau.** 쥬 v뵈 부아ㅎ 들로
그들은 물을 마시고 싶대.	**Ils veulent boire de l'eau.** 일 v뵐ㄹ 부아ㅎ 들로

시간/주기 표현

무언가를 원하는 말을 할 때, 언제 하고 싶은지 시간이나 주기 표현과 함께 쓸 때가 많죠. 같이 쓸 수 있는 표현들을 배워 봅시다.

지금	maintenant 망뜨넝	요즘	en ce moment 엉 쓰 모멍
가끔	parfois 빡f푸아	매일	tous les jours 뚤레 쥬ㅎ

나는 지금 빵을 먹고 싶어. **Je veux manger du pain maintenant.**
쥬 v뵈 멍줴 뒤 빵 망뜨넝

오늘의 핵심 표현

나는 남아 있고 싶어. **Je veux rester.**
쥬 v뵈 헤스떼

나는 요즘 나가고 싶어. **Je veux sortir en ce moment.**
쥬 v뵈 쏙띠ㅎ 엉 쓰 모멍

너 빵 먹고 싶어? **Tu veux manger du pain ?**
뛰 v뵈 멍줴 뒤 빵

너 노트 한 권 사고 싶어? **Tu veux acheter un cahier ?**
뛰 v뵈 아슈떼 앙 꺄이에

그는 남아 있고 싶대. **Il veut rester.**
일 v뵈 헤스떼

그녀는 지금 나가고 싶대. **Elle veut sortir maintenant.**
엘 v뵈 쏙띠ㅎ 망뜨넝

우리는 매일 노래를 부르고 싶어. **Nous voulons chanter tous les jours.**
누 v불롱 셩떼 뚤레 쥬ㅎ

노래 부르고 싶으세요? **Vous voulez chanter ?**
v부 v불레 셩떼

그들은 가끔 나가고 싶어 해. **Ils veulent sortir parfois.**
일 v뵐르 쏙띠ㅎ 빡f푸아

그녀들은 필통을 사고 싶어 해. **Elles veulent acheter une trousse.**
엘 v뵐르 아슈떼 윈 트후쓰

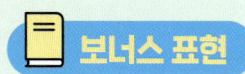 **보너스 표현**

 나는 내 친구들이랑 노래 부르고 싶어.

Je veux chanter avec mes amis.
쥬　v뵈　셩떼　아v벡　메z자미

 나는 내 친구들이랑 나가고 싶어.

Je veux sortir avec mes amis.
쥬　v뵈　쏙띠ㅎ　아v벡　메z자미

 오늘의 회화 완성!

 나갈래?

Tu veux sortir ?
뛰　v뵈　쏙띠ㅎ

 아니, 나 집에 있고 싶어

Non, je veux rester à la maison.
농　쥬 v뵈　헤스떼　알라　메z종

 그래.

Ok.
오께

 **잠깐 복습!**

1 빈칸에 알맞은 말을 넣어 다음 문장을 완성하세요.

나는 남아 있고 싶어. → Je veux _____.

2 다음 중 '너는 매일 나가고 싶어?'라는 문장을 올바르게 쓴 것을 고르세요.

① Tu veux sortir tous les jours ?
② Tu veux sortir parfois ?
③ Tu veux sortez tous les jours ?

3 다음 문장은 맞는 표현일까요? 틀린 문장이라면 바르게 고쳐 써 보세요.

1) Ils veulent boire de l'eau.
   ① Vrai (맞다)
   ② Faux (틀리다) → _____

2) Je veux d'acheter un cahier.
   ① Vrai (맞다)
   ② Faux (틀리다) → _____

4 다음 문장을 프랑스어로 쓰고 발음해 보세요.

우리는 매일 노래를 부르고 싶어.

→ _____

5 다음 문장을 프랑스어로 쓰고 발음해 보세요.

너는 매일 집에 있고 싶어?

→ _____

6 다음 문장을 프랑스어로 쓰고 발음해 보세요.

당신은 필통 한 개를 사고 싶나요?
→ _____

7 다음 프랑스어 단어들을 올바른 순서로 배열해 문장을 완성하세요.

> acheter / un / veux / je / cahier

나는 노트 한 권을 사고 싶어.
→ _____

8 빈칸에 들어갈 알맞은 말을 고르세요.

> 그녀는 지금 나가고 싶다. → Elle veut sortir _____.

① tous les jours   ② maintenant   ③ parfois

9 다음 중 '요즘'을 뜻하는 프랑스어로 알맞은 것을 고르세요.

① parfois   ② en ce moment   ③ tous les jours

LEÇON 27

입어 봐도 될까요?
Je peux essayer ?

음원 바로 듣기

오늘의 목표

- pouvoir 동사의 현재 시제 동사 변화
- 간단한 부탁 표현

오늘의 어휘

프랑스어	français (n.m.) f프헝쎄	바지	pantalon (n.m.) 뻥딸롱
문	porte (n.f.) 뽀ㄸ	의자	chaise (n.f.) 쉐z즈

pouvoir 동사

'~할 수 있다', '~해도 된다'라는 의미의 동사예요. 영어의 can 동사와 비슷하죠. 이 동사는 3군 불규칙 동사예요. pouvoir 동사 뒤에는 항상 동사 원형이 옵니다. 주어 인칭 대명사에 따른 동사 변화형을 여러 번 발음하며 익혀 보세요.

~할 수 있다, ~해도 된다: pouvoir (3군 불규칙 동사)			
Je 쥬	peux 쁘	Nous 누	pouvons 뿌v봉
Tu 뛰	peux 쁘	Vous v부	pouvez 뿌v베
Il / Elle 일 엘	peut 쁘	Ils / Elles 일 엘	peuvent 쁘v브

pouvoir + **동사 원형**

나는 프랑스어 할 수 있어. **Je peux parler français.**
쥬 쁘 빠흘레 f프헝쎄

나는 노래할 수 있어. **Je peux chanter.**
쥬 쁘 셩떼

우리는 노래할 수 있어요. **Nous pouvons chanter.**
누 뿌v봉 셩떼

너는 남아 있어도 돼? **Tu peux rester ?**
뛰 쁘 헤스떼

Leçon 27 입어 봐도 될까요? Je peux essayer ?

여러 가지 동사들

운전하다	**conduire** 꽁뒤ㅎ
말하다	**parler** 빠흘레
닫다	**fermer** f페흐메
시도하다 (입어 보다)	**essayer** 에쎄이예
사용하다	**utiliser** 위띨리z제

프랑스어를 말하다　　**parler français**
　　　　　　　　　　빠흘레　f프헝쎄

문을 닫다　　　　　　**fermer la porte**
　　　　　　　　　　f페흐메　라 뽁뜨

바지를 입어 보다　　　**essayer un pantalon**
　　　　　　　　　　에쎄이예　앙　빵딸롱

의자를 사용하다　　　 **utiliser une chaise**
　　　　　　　　　　위띨리z제　윈　쉐z즈

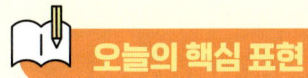 **오늘의 핵심 표현**

이 바지 입어 봐도 될까요?   **Je peux essayer ce pantalon ?**
쥬 쁴 에쎄이예 쓰 뼝딸롱

문 닫아 줄 수 있어?   **Tu peux fermer la porte ?**
뛰 쁴 f페흐메 라 뽁뜨

그는 운전할 수 있어.   **Il peut conduire.**
일 쁴 꽁뒤ㅎ

그녀는 운전할 수 있어.   **Elle peut conduire.**
엘 쁴 꽁뒤ㅎ

우리가 의자 하나 사용해도 돼?   **Nous pouvons utiliser une chaise ?**
누 뿌v봉 위띨리z제 윈 쉐z즈

문 닫아 주실 수 있을까요?   **Vous pouvez fermer la porte ?**
v부 뿌v베 f페흐메 라 뽁뜨

그들은 프랑스어 할 줄 알아.   **Ils peuvent parler français.**
일 쁴v브 빠흘레 f프헝쎄

그녀들은 프랑스어 할 줄 알아.   **Elles peuvent parler français.**
엘 쁴v브 빠흘레 f프헝쎄

이 차를 타 봐도 될까요?   **Je peux essayer cette voiture ?**
쥬 쁴 에쎄이예 쎗뜨 v부아뛰ㅎ

들어와도 돼.   **Tu peux entrer.**
뛰 쁴 엉트헤

그는 영어를 할 수 있어요.   **Il peut parler anglais.**
일 쁴 빠흘레 엉글레

이 가방 착용해 보셔도 돼요.   **Vous pouvez essayer ce sac.**
v부 뿌v베 에쎄이예 쓰 싹

VOCABULAIRE

entrer 들어가다, 들어오다 | **anglais** (n.m.) 영어

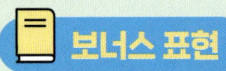 **보너스 표현**

 문 좀 닫아 줄 수 있을까?

Tu peux fermer la porte, s'il te plaît ?
뛰 뾔 f페흐메 라 뽁뜨 씰 뜨 쁠레

 문 좀 닫아 주실 수 있을까요?

Vous pouvez fermer la porte, s'il vous plaît ?
v부 뿌v베 f페흐메 라 뽁뜨 씰 v부 쁠레

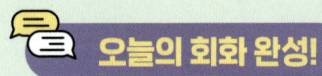 **오늘의 회화 완성!**

 네 펜 사용해도 될까?

Je peux utiliser ton stylo ?
쥬 뾔 위띨리z제 똥 스띨로

 응, 물론이지.

Oui, bien sûr.
위 비앙 쒸ㅎ

 고마워!

Merci beaucoup !
멕씨 보꾸

1 빈칸에 들어갈 알맞은 동사의 형태를 고르세요.

> Je _____ parler français.

① peux   ② peut   ③ peuvent

2 다음 문장을 프랑스어로 쓰고 발음해 보세요.

문 닫아줄 수 있어?

➜ _____

3 다음 문장을 프랑스어로 쓰고 발음해 보세요.

이 바지 입어 봐도 될까요?

➜ _____

4 다음 문장을 프랑스어로 쓰고 발음해 보세요.

그들은 프랑스어 할 줄 알아.

➜ _____

5 다음 프랑스어 단어들을 올바른 순서로 배열해 문장을 완성하세요.

> peux / une / je / chaise / utiliser / ?

의자 하나 사용해도 될까?

➜ _____

LEÇON 28

음원 바로 듣기

숙제해야 해.
Je dois faire les devoirs.

 오늘의 목표

- devoir 동사의 현재 시제 동사 변화
- 해야 하는 것에 대해 표현하기

 오늘의 어휘

정리하다	ranger 헝줴	하다, 만들다	faire f페ㅎ
준비하다	préparer 프헤빠헤	저녁 식사	dîner (n.m.) 디네

devoir 동사

devoir 동사는 '~해야 한다'의 의미로 영어의 must와 비슷해요. 이 동사는 3군 불규칙 동사예요. devoir 동사 뒤에는 동사 원형이 온답니다. 주어 인칭 대명사에 따른 동사 변화형을 여러 번 발음하며 익혀 보세요.

~해야 한다: devoir (3군 불규칙 동사)			
Je 쥬	**dois** 두아	Nous 누	**devons** 드v봉
Tu 뛰	**dois** 두아	Vous v부	**devez** 드v베
Il / Elle 일 엘	**doit** 두아	Ils / Elles 일 엘	**doivent** 두아v브

devoir + 동사 원형

나는 출발해야 해.
Je dois partir.
쥬 두아 빡띠ㅎ

너는 출발해야 해?
Tu dois partir ?
뛰 두아 빡띠ㅎ

그는 남아 있어야 해.
Il doit rester.
일 두아 헤스떼

당신은 남아 있어야 하는군요.
Vous devez rester.
v부 드v베 헤스떼

Leçon **28** 숙제해야 해. Je dois faire les devoirs.

여러 가지 표현들

출근하다 **aller au travail**
 알레 오 트하v바이

떠나다, 출발하다 **partir**
 빡띠ㅎ

방을 정리하다 **ranger la chambre**
 헝줴 라 셩브흐

숙제를 하다 **faire les devoirs**
 f페흐 레 드v부아ㅎ

저녁 식사를 준비하다 **préparer le dîner**
 프헤빠헤 르 디네

 **오늘의 핵심 표현**

나 출근해야 해.	**Je dois aller au travail.** 쥬 두아 알레 오 트하v바이
너 숙제해야 하는구나.	**Tu dois faire les devoirs.** 뛰 두아 f페ㅎ 레 드v부아ㅎ
그는 방을 정리해야 해.	**Il doit ranger la chambre.** 일 두아 헝줴 라 성브흐
우리는 저녁 식사를 준비해야 해.	**Nous devons préparer le dîner.** 누 드v봉 프헤빠헤 르 디네
지금 출발하셔야 하나요?	**Vous devez partir maintenant ?** v부 드v베 빡띠ㅎ 망뜨넝
그들은 출근해야 해.	**Ils doivent aller au travail.** 일 두아v브 알레 오 트하v바이
그녀들은 숙제를 해야 해.	**Elles doivent faire les devoirs.** 엘 두아v브 f페ㅎ 레 드v부아ㅎ
나는 물을 사야 해.	**Je dois acheter de l'eau.** 쥬 두아 아슈떼 들로
너는 빵을 사야 해?	**Tu dois acheter du pain ?** 뛰 두아 아슈떼 뒤 빵
그는 학교에 가야 해.	**Il doit aller à l'école.** 일 두아 알레 아 레꼴
우리는 일찍 출발해야 해.	**Nous devons partir tôt.** 누 드v봉 빡띠ㅎ 또
이거 사용하셔야 해요?	**Vous devez utiliser ça ?** v부 드v베 위띨리제 싸

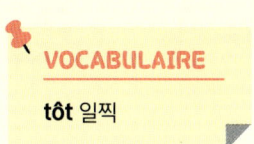

VOCABULAIRE
tôt 일찍

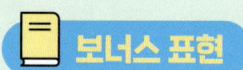 **보너스 표현**

 나는 학생이니까 숙제해야 해.

Je dois faire les devoirs parce que je suis étudiant.
쥬 두아 f페ㅎ 레 드v부아ㅎ 빡쓰 끄 쥬 쒸 에뛰디엉

 나는 프랑스에 갈 거니까 프랑스어를 공부해야 해.

Je dois étudier le français
쥬 두아 에뛰디에 르 f프헝쎄
parce que je vais aller en France.
빡쓰 끄 쥬 v베 알레 엉 f프헝쓰

 **오늘의 회화 완성!**

 우리 영화 볼까?

On regarde un film ?
옹 흐갸흐드 앙 f필ㅁ

 나 숙제해야 해.

Je dois faire les devoirs.
쥬 두아 f페ㅎ 레 드v부아ㅎ

 파이팅 해.

Bon courage, alors.
봉 꾸하쥬 알로ㅎ

1 빈칸에 들어갈 알맞은 동사의 형태를 고르세요.

> Je _____ partir.

① dois   ② doit   ③ devons

2 다음 문장을 프랑스어로 쓰고 발음해 보세요.

우리는 저녁 식사를 준비해야 한다.

→ _____

3 다음 문장을 프랑스어로 쓰고 발음해 보세요.

그들은 출근해야 해.

→ _____

4 다음 문장을 완성하세요.

여러분은 숙제를 하셔야 해요.

→ _____

5 다음 프랑스어 단어들을 올바른 순서로 배열해 문장을 완성하세요.

> partir / maintenant / doivent / elles

그녀들은 지금 출발해야 해.

→ _____

Leçon **28** 숙제해야 해. Je dois faire les devoirs.

LEÇON 29

22~28강 복습
Révision

음원 바로 듣기

 오늘의 목표

- 먹고 마시는 동사 복습 (manger, boire)
- vouloir, pouvoir, devoir 동사 복습
- Qu'est-ce que를 활용한 의문문

 오늘의 어휘

| 무엇 | quoi
꾸아 | 오늘 | aujourd'hui
오쥬ㅎ뒤 |

다음 한국어 뜻에 맞는 프랑스어 문장을 고르세요.

1 나는 잼과 함께 빵을 먹는다.

  A. Je mange du pain avec confiture.

  B. Tu manges du pain avec de l'eau.

  C. Je mange du pain avec de la confiture.

2 우리는 닭고기를 먹는다.

  A. Nous mangons du poulet.

  B. Nous mangeons du poulet.

  C. Vous mangez de l'omelette.

3 나는 술 안 마셔.

  A. Je bois de la bière.

  B. Je ne bois pas d'alcool.

  C. Tu ne bois pas d'alcool.

4 그는 딸기 타르트를 한 개 먹는다.

  A. Tu bois un café au lait.

  B. Il mange une tarte aux fraises.

  C. Il mange des pains aux raisins.

5 그녀들은 포크들을 원해.

  A. Je voudrais une serviette.

  B. Ils veulent des couteaux.

  C. Elles veulent des fourchettes.

6 나 집에 있고 싶어.

  A. Je veux rester à la maison.

  B. Je veux rester tous les jours.

  C. Je veux sortir en ce moment.

7 문 닫아 주실 수 있을까요?

  A. Il peut conduire ?

  B. Vous pouvez fermer la porte ?

  C. Vous pouvez fermer la fenêtre ?

8 우리는 프랑스어 할 줄 알아.

  A. Ils peuvent parler coréen.

  B. Nous pouvons parler anglais.

  C. Nous pouvons parler français.

9 그는 방을 정리해야 해.

   A. Il doit ranger la chambre.

   B. Nous devons préparer le dîner.

   C. Ils doivent aller au travail.

10 나는 빵을 먹고 싶어.

   A. Je veux mange du pain.

   B. Je veux manger du pain.

   C. Je veux manger avec mes amis.

 **문법 한 걸음 더!**

오늘 뭐 먹지?

너는 오늘 뭐 먹고 싶어?   **Tu veux manger quoi aujourd'hui ?**
                         뛰 v뵈 멍줴   꾸아   오쥬ㅎ뒤

치킨 샌드위치 하나 먹고 싶어.   **Je veux manger un sandwich au poulet.**
                              쥬 v뵈 멍줴   앙 썬드위취   오 뿔레

오늘 뭐 해야 하지?

너는 오늘 뭐 해야 해?   **Qu'est-ce que tu dois faire aujourd'hui ?**
                      께쓰끄   뛰 두아 f페ㅎ 오쥬ㅎ뒤

나는 저녁 식사를 준비해야 해.   **Je dois préparer le dîner.**
                              쥬 두아   프헤빠헤   르 디네

 **표현 한 걸음 더!**

너 오늘 뭐 먹고 싶어? Tu veux manger quoi aujourd'hui ?
뛰 v뵈 멍줴 꾸아 오쥬ㅎ뒤

나는 오믈렛 (좀) 먹고 싶어. Je veux manger de l'omelette.
쥬 v뵈 멍줴 드 로믈렛ㄸ

너 뭐 먹고 싶어? Qu'est-ce que tu veux manger ?
께쓰끄 뛰 v뵈 멍줴

나는 커피만 한잔 마시고 싶어. Je veux boire juste un café.
쥬 v뵈 부아ㅎ 쥐스ㄸ 앙 꺄f페

너 오늘 뭐 해야 해? Tu dois faire quoi aujourd'hui ?
뛰 두아 f페ㅎ 꾸아 오쥬ㅎ뒤

나는 방 정리해야 해. Je dois ranger la chambre.
쥬 두아 헝줴 라 셩브ㅎ

너 뭐 해야 해? Qu'est-ce que tu dois faire ?
께쓰끄 뛰 두아 f페ㅎ

나는 출근해야 해. Je dois aller au travail.
쥬 두아 알레 오 트하v바이

MEMO

LEÇON 30

음원 바로 듣기

나 버스 타.
Je prends le bus.

 오늘의 목표

- prendre 동사의 현재 시제 동사 변화
- prendre 동사의 다양한 쓰임

 오늘의 어휘

아침 식사	petit-déjeuner (n.m.) 쁘띠 데죄네	점심 식사	déjeuner (n.m.) 데죄네
디저트	dessert (n.m.) 데쎄흐	약	médicament (n.m.) 메디꺄멍
버스	bus (n.m.) 뷔스	지하철	métro (n.m.) 메트호

prendre 동사

'(행동)을 취하다'라는 의미로 영어의 take와 비슷해요. 3군 불규칙 동사예요. 먹고 마실 때, 교통수단을 이용할 때, 선택하거나 주문하는 상황에서 다양하게 쓰는 만능 동사라고 할 수 있죠!

먹다, 마시다, 잡다, 타다 등: prendre (3군 불규칙 동사)			
Je 쥬	**prends** 프헝	Nous 누	**prenons** 프흐농
Tu 뛰	**prends** 프헝	Vous v부	**prenez** 프흐네
Il / Elle 일 엘	**prend** 프헝	Ils / Elles 일 엘	**prennent** 프헨ㄴ

▶ **prendre 동사의 쓰임**

① **먹거나 마실 때**

나 커피 한잔해.   **Je prends un café.**
　　　　　　　　　쥬　프헝　앙　꺄f페

② **교통수단을 이용할 때**

나 버스 타.   **Je prends le bus.**
　　　　　　　쥬　프헝　르 뷔ㅅ

③ **선택/주문할 때**

나는 차(tea)로 할게.   **Je prends un thé.**
　　　　　　　　　　　쥬　프헝　앙　떼

정관사와 쓰이는 표현들

일반적으로 반복되는 활동에는 주로 정관사를 쓸 때가 많아요.

▶ 식사 (아침, 점심, 저녁)

아침 식사	**le petit-déjeuner** 르 쁘띠 데죄네
점심 식사	**le déjeuner** 르 데죄네
저녁 식사	**le dîner** 르 디네

나는 아침 식사를 해.   **Je prends le petit-déjeuner.**
  쥬 프헝   르 쁘띠 데죄네

▶ 교통수단

버스	**le bus** 르 뷔스
지하철	**le métro** 르 메트호

너 지하철 타?   **Tu prends le métro ?**
  뛰 프헝   르 메트호

 **오늘의 핵심 표현**

| 나는 아침 식사를 해. | **Je prends le petit-déjeuner.** |
| | 쥬 프헝 르 쁘띠 데죄네 |

너 점심 먹는구나.　　　**Tu prends le déjeuner.**
　　　　　　　　　　　뛰 프헝 　르 데죄네

너 아침 먹어?　　　　　**Tu prends le petit-déjeuner ?**
　　　　　　　　　　　뛰 프헝 　르 쁘띠 데죄네

그녀는 지하철을 타.　　**Elle prend le métro.**
　　　　　　　　　　　엘 프헝 　르 메트호

그는 디저트를 먹어.　　**Il prend un dessert.**
　　　　　　　　　　　일 프헝 앙 데쎄ㅎ

그녀는 커피 한잔해.　　**Elle prend un café.**
　　　　　　　　　　　엘 프헝 앙 꺄f페

우리는 버스를 타.　　　**Nous prenons le bus.**
　　　　　　　　　　　누 프흐농 르 뷔ㅅ

약 드시는 거예요?　　　**Vous prenez des médicaments ?**
　　　　　　　　　　　v부 프흐네 데 메디꺄멍

그들은 지하철을 탄다.　**Ils prennent le métro.**
　　　　　　　　　　　일 프헨ㄴ 르 메트호

나는 저녁 식사를 할 거야.　**Je vais prendre le dîner.**
　　　　　　　　　　　쥬 v베 프헝드ㅎ 르 디네

너는 버스 탈 거야?　　**Tu vas prendre le bus ?**
　　　　　　　　　　　뛰 v바 프헝드ㅎ 르 뷔ㅅ

우리는 커피 한잔할 거야.　**Nous allons prendre un café.**
　　　　　　　　　　　누z잘롱 프헝드ㅎ 앙 꺄f페

그들은 약을 먹을 거래?　**Ils vont prendre des médicaments ?**
　　　　　　　　　　　일 v봉 프헝드ㅎ 데 메디꺄멍

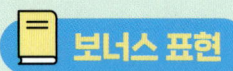 **보너스 표현**

 나는 8시에 아침 식사를 한다.
Je prends le petit-déjeuner à huit heures (à 8 h).
쥬 프헝 르 쁘띠 데죄네 아 위뜨ㅎ

 나는 19시에 저녁 식사를 한다.
Je prends le dîner à dix-neuf heures (à 19 h).
쥬 프헝 르 디네 아 디z즈뇌v붜ㅎ

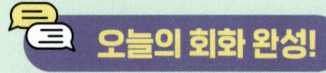 **오늘의 회화 완성!**

 너 아침 먹어?
Tu prends le petit-déjeuner ?
뛰 프헝 르 쁘띠 데죄네

 나 그냥 커피 한잔만 마셔.
Je prends juste un café.
쥬 프헝 쥐스뜨 앙 꺄페

 나도.
Moi aussi.
무아 오씨

1 빈칸에 알맞은 형태의 prendre 동사의 현재 시제를 쓰세요.

1) Je _____ un café.

2) Nous _____ le métro.

3) Ils _____ le déjeuner.

2 다음 문장을 프랑스어로 쓰고 발음해 보세요.

나는 아침 식사를 해.

→ _____

3 다음 중 '그녀는 지하철을 타'를 올바르게 표현한 문장을 고르세요.

① Elle prend le bus.

② Elle prend le métro.

③ Elle prends le café.

4 다음 문장을 한국어로 해석하세요.

1) Je prends le bus.

→ _____

2) Il prend un dessert.

→ _____

3) Nous prenons le métro.

→ _____

Leçon 30 나 버스 타. Je prends le bus.   215

LEÇON 31

음원 바로 듣기

얼마나 걸려요?
Ça prend combien de temps ?

 오늘의 목표

- 소요 시간 묻고 답하기
- 거리 표현하기

 오늘의 어휘

먼, 멀리	loin 루앙	가까운	proche 프호슈
시간	temps (n.m.) 떵	(몇) 시	heure (n.f.) 외흐
오랜 시간, 오래	longtemps 롱떵	많은	beaucoup de 보꾸 드

지시 대명사

지시 대명사는 '이것', '저것', '그것'처럼 무언가를 가리키는 말이에요. cela를 구어체에서 줄인 말이 ça 예요. 지시 대명사를 주어로 쓸 때 동사는 일반적으로 3인칭 단수 변화형이 와요.

이것, 저것, 그것	
cela 쓸라	**ça** 싸

난 이게 좋아. **J'aime cela.**
젬 쓸라

난 이걸 원해. **Je veux ça.**
쥬 v뵈 싸

시간 소요 말하기

시간 소요에 대해 말할 때, 일상에서는 ça를 주어로 사용해요.

1시간 걸려. **Ça prend une heure.**
싸 프헝 위뇌ㅎ

ATTENTION! heure는 여성 명사이므로 '1시(간)'을 말할 때 un heure가 아닌 une heure로 써요!

2시간 걸려. **Ça prend deux heures.**
싸 프헝 되z죄ㅎ

ATTENTION! 2시(간) 이상을 말할 때는 heure에 s를 붙여 heures로 써요!

combien de temps

combien은 '얼마나'를 뜻하는 의문사예요. 시간이 얼마나 걸리는지 물어볼 때 사용할 수 있어요.

얼마나 걸려? **Ça prend combien de temps ?**
싸 프헝 꽁비앙 드 떵

이때 전치사 pour를 활용해 '~하는 데/가는 데' 얼마나 걸리는지 간단히 물어볼 수도 있어요.

출근하는 데 얼마나 걸려? **Ça prend combien de temps pour aller au travail ?**
싸 프헝 꽁비앙 드 떵 뿌ㅎ 알레
오 트하v바이

거리 표현하기

c'est(~이다)와 함께 형용사를 사용하면 사물의 성질이나 상황에 대한 의견, 느낌을 표현할 수 있다고 배웠죠. 거리에 대한 표현도 간단하게 c'est로 말할 수 있어요.

멀어. **C'est loin.**
쎄 루앙

가까워. **C'est proche.**
쎄 프호슈

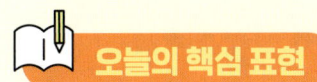
오늘의 핵심 표현

얼마나 걸려?

Ça prend combien de temps ?
싸 프헝 꽁비앙 드 떵

1시간 걸려.

Ça prend une heure.
싸 프헝 위뇌ㅎ

출근하는 데 얼마나 걸려?

Ça prend combien de temps pour aller
싸 프헝 꽁비앙 드 떵 뿌ㅎ 알레
au travail ?
오 트하v바이

공항 가는 데 얼마나 걸려?

Ça prend combien de temps pour aller
싸 프헝 꽁비앙 드 떵 뿌ㅎ 알레
à l'aéroport ?
아 라에호뽀ㅎ

오래 걸려?

Ça prend longtemps ?
싸 프헝 롱떵

낭뜨 멀어?

C'est loin, Nantes ?
쎄 루앙 넝뜨

아니, 오래 안 걸려.

Non, ça ne prend pas longtemps.
농 싸 느 프헝 빠 롱떵

부산 가까워?

C'est proche, Busan ?
쎄 프호슈 부산

아니, 오래 걸려.

Non, ça prend beaucoup de temps.
농 싸 프헝 보꾸 드 떵

Leçon **31** 얼마나 걸려요? Ça prend combien de temps ?   **219**

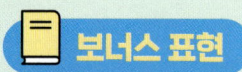 **보너스 표현**

약 1시간 걸려.

Ça prend environ une heure.
싸 프헝   엉v비홍   위뇌ㅎ

약 5분 걸려.

Ça prend environ cinq minutes.
싸 프헝   엉v비홍   쌍   미뉘ㄸ

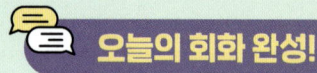 **오늘의 회화 완성!**

리옹 멀어?

C'est loin, Lyon ?
쎄   루앙   리옹

아니, 1시간 걸려.

Non, ça prend une heure.
농   싸 프헝   위뇌ㅎ

아, 괜찮네, 그럼.

Ah, ça va, alors.
아   싸 v바 알로ㅎ

1 다음 중 '공항 가는 데 얼마나 걸려?'를 올바르게 표현한 프랑스어 문장을 고르세요.

① Ça prends combien de temps pour aller à l'aéroport ?

② Ça prends combien du temps pour aller au aéroport ?

③ Ça prend combien de temps pour aller à l'aéroport ?

④ Ça prend combien de l'heure pour aller au aéroport ?

2 다음 문장을 프랑스어로 쓰고 발음해 보세요.

1시간 걸려.

→ ----

3 다음 문장을 프랑스어로 쓰고 발음해 보세요.

출근하는 데 얼마나 걸려?

→ ----

4 다음 프랑스어 단어들을 올바른 순서로 배열해 문장을 완성하세요.

| prend / ça / pas / ne / longtemps |

오래 안 걸려.

→ ----

Leçon 31 얼마나 걸려요? Ça prend combien de temps ?

LEÇON 32

음원바로듣기

정말 좋아해.
J'adore ça.

오늘의 목표

- adorer 동사의 현재 시제 동사 변화
- 명사와 동사 원형 활용
- 소유 형용사

오늘의 어휘

목걸이	collier (n.m.) 꼴리에	신발	chaussures (n.f.pl.) 쇼쒸ㅎ
재킷	veste (n.f.) v베스뜨	눈	neige (n.f.) 네쥬
그림 그리다	peindre 빵드ㅎ	피아노를 치다	faire du piano f페ㅎ 뒤 삐아노

 **오늘의 핵심 내용**

adorer 동사

'정말 좋아하다', '열렬히 좋아하다'의 의미로 영어의 love와 비슷해요. 무언가를 아주 좋아할 때나 마음에 드는 것이 있을 때 사용할 수 있는 동사예요. 1군 동사이며 모음으로 시작하는 동사이므로 Je는 J'로 축약하고, '주어 인칭 대명사 + 동사'는 연음해요.

정말 좋아하다, 열렬히 좋아하다: adorer (1군 동사)			
J'	adore 쟈도ㅎ	Nous 누	adorons z자도홍
Tu 뛰	adores 아도ㅎ	Vous v부	adorez z자도헤
Il / Elle 일 엘	adore 라도ㅎ	Ils / Elles 일 엘	adorent z자도ㅎ

좋고 싫음을 나타내는 기호 동사예요. 기호 동사 뒤에 명사가 오면 주로 정관사와 함께 써요.

> adorer + 정관사 + 명사

나는 눈을 정말 좋아한다. **J'adore la neige.**
쟈도ㅎ 라 네쥬

aimer 동사에서도 배웠죠! adorer 동사 뒤에도 명사뿐만 아니라 동사 원형이 올 수 있어요.

> adorer + 동사 원형

나는 그림 그리는 것을 정말 좋아한다. **J'adore peindre.**
쟈도ㅎ 빵드ㅎ

소유 형용사

명사 앞에 관사 대신 붙어 누구의 것인지를 나타내요. 뒤에 오는 명사의 성·수에 따라 인칭별로 모양이 달라져요. 음절이 짧으니 발음을 많이 해 보면 금방 익숙해진답니다. [몽, 마, 메 / 똥, 따, 떼 / 쏭, 싸, 쎄] 리드미컬하게 따라 읽으며 익혀 볼까요?

	남성 단수	여성 단수	복수 (남성, 여성)
나의	mon 몽	ma 마	mes 메
너의	ton 똥	ta 따	tes 떼
그/그녀의	son 쏭	sa 싸	ses 쎄

너의 목걸이　　　ton collier (n.m)
　　　　　　　　 똥　 꼴리에

그의 재킷　　　　sa veste (n.f)
　　　　　　　　 싸　 v베스뜨

✓ ATTENTION ! 여성 명사라도 모음이나 무성 h로 시작하면, ma/ta/sa 대신, 남성형인 mon/ton/son을 사용해요.
예) 나의 이야기 ma histoire (X) → mon histoire (O)
　　　　　　　　　　　　　　　　　모니쓰뚜아ㅎ

	남성 단수	여성 단수	복수 (남성, 여성)
우리의	notre 노트ㅎ	notre 노트ㅎ	nos 노
당신(들)/너희들의	votre v보트ㅎ	votre v보트ㅎ	vos v보
그들/그녀들의	leur 뢰ㅎ	leur 뢰ㅎ	leurs 뢰ㅎ

당신의 목걸이		votre collier v보트ㅎ 꼴리에
우리의 재킷		notre veste 노트ㅎ v베스뜨
나의 가방		mon sac 몽 싹
너의 가방		ton sac 똥 싹
그(그녀)의 가방		son sac 쏭 싹
우리의 가방		notre sac 노트ㅎ 싹
나의 자동차		ma voiture 마 v부아뛰ㅎ
당신의 자동차		votre voiture v보트ㅎ v부아뛰ㅎ
너의 자동차		ta voiture 따 v부아뛰ㅎ
그들(그녀들)의 자동차		leur voiture 뢰ㅎ v부아뛰ㅎ

칭찬하기

'너의 ~가 예쁘다'는 '너의 ~가 마음에 들어'로 말할 수 있어요! 상대방의 착장을 칭찬할 때 자주 말합니다. 영어에서도 'I love your ~.'라고 하는 것과 같죠. adorer 동사를 활용해서 이야기해 볼까요?

네 재킷 정말 예쁘다! (나는 네 재킷이 정말 좋아.)	J'adore ta veste. 쟈도ㅎ 따 v베스뜨

Leçon 32 정말 좋아해. J'adore ça.

오늘의 핵심 표현

나는 눈을 정말 좋아한다.

J'adore la neige.
쟈도ㅎ　라 네쥬

너 눈을 정말 좋아하는구나.

Tu adores la neige.
뛰　아도ㅎ　라 네쥬

네 목걸이 정말 예쁘다!
(네 목걸이가 정말 좋아.)

J'adore ton collier !
쟈도ㅎ　똥　꼴리에

네 재킷 정말 예쁘다!
(네 재킷이 정말 좋아.)

J'adore ta veste !
쟈도ㅎ　따　v베스뜨

그는 그의 신발을 정말 좋아해.

Il adore ses chaussures.
일라도ㅎ　쎄　쇼쒸ㅎ

그녀는 그녀의 신발을 정말 좋아해.

Elle adore ses chaussures.
엘라도ㅎ　쎄　쇼쒸ㅎ

우리는 그림 그리는 것을 정말 좋아해요.

Nous adorons peindre.
누z자도홍　　빵드ㅎ

그림 그리는 것을 정말 좋아하시나 봐요.

Vous adorez peindre.
v부z자도헤　빵드ㅎ

그들은 피아노 치는 것을 정말 좋아해요.

Ils adorent faire du piano.
일z자도ㅎ　f페ㅎ 뒤 삐아노

그녀들은 피아노 치는 것을 정말 좋아해요.

Elles adorent faire du piano.
엘z자도ㅎ　f페ㅎ 뒤 삐아노

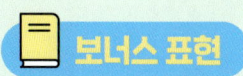 **보너스 표현**

 나 이 목걸이 정말 좋아.

J'adore ce collier.
쟈도ㅎ 쓰 꼴리에

 나 이 신발 정말 좋아.

J'adore ces chaussures.
쟈도ㅎ 쎄 쇼쒸ㅎ

 오늘의 회화 완성!

 이거 네 목걸이야?

C'est ton collier ?
쎄 똥 꼴리에

 응, 내 목걸이야.

Oui, c'est mon collier.
위 쎄 몽 꼴리에

 정말 예쁘다!

J'adore ton collier !
쟈도ㅎ 똥 꼴리에

 **잠깐 복습!**

1 다음 한국어 표현을 프랑스어로 바꿔 쓰세요.

1) 내 목걸이 → _____ collier
2) 우리의 고양이 → _____ chat
3) 너의 원피스 → _____ robe
4) 당신의 안경 → _____ lunettes
5) 그녀의 스웨터 → _____ pull
6) 그들의 바지 → _____ pantalon

2 빈칸에 들어갈 알맞은 소유 형용사를 고르세요.

| 그녀의 신발 → _____ chaussures |

① son   ② sa   ③ ses   ④ leur

3 다음 문장을 프랑스어로 쓰고 발음해 보세요.

네 재킷 정말 예쁘다!
→ _____

4 다음 문장을 프랑스어로 쓰고 발음해 보세요.

나는 바다를 정말 좋아해.
→ _____

5 빈칸에 알맞은 소유 형용사를 넣으세요.

1) 너의 목걸이야? → C'est _____ collier ?

2) 나는 그녀의 재킷을 정말 좋아해. → J'adore _____ veste.

6 다음 문장은 맞는 표현일까요? 틀린 문장이라면 바르게 고치세요.

> J'adore ma histoire.

① Vrai (맞다)
② Faux (틀리다) → _____

7 빈칸에 알맞은 동사를 넣어 문장을 완성하세요.

1) 우리는 그림 그리는 것을 정말 좋아한다.
→ Nous adorons _____.

2) 당신은 피아노 치는 것을 정말 좋아하는군요.
→ Vous adorez _____.

LEÇON 33

음원 바로 듣기

나 늦게 끝나.
Je finis tard.

 오늘의 목표

- finir 동사의 현재 시제 동사 변화
- 2군 동사 규칙
- 시간 표현하기

 오늘의 어휘

| 식사 | repas (n.m.)
흐빠 | 회의 | réunion (n.f.)
헤위니옹 |

finir 동사

'끝나다', '끝내다'의 의미로 영어의 finish와 비슷해요.

Je 쥬	**finis** f피니	Nous 누	**finissons** f피니쏭
Tu 뛰	**finis** f피니	Vous v부	**finissez** f피니쎄
Il / Elle 일 엘	**finit** f피니	Ils / Elles 일 엘	**finissent** f피니쓰

책 다 읽어 가. (나는 내 책을 끝낸다.)   Je <u>finis</u> mon livre.
쥬 f피니 몽 리v브ㅎ

ATTENTION ! 프랑스어에서는 소유 형용사를 자주 사용해요. 사람, 사물, 일 등을 말할 때도 소유 형용사를 쓸 때가 많아요.

2군 동사의 규칙

프랑스어 동사는 1군, 2군, 3군의 3종류로 나뉘었죠. 1군 동사는 -er로 끝나는 규칙 동사로 porter, habiter, aimer, adorer 등이 있어요. 2군 동사는 -ir로 끝나는 규칙 동사예요. 1군과 2군 동사는 주어에 따라 어미가 규칙적으로 변하는 규칙 동사, 3군은 변화형이 불규칙한 불규칙 동사예요. 2군 동사는 1군 동사와 마찬가지로, 어간은 변함이 없고 어미만 변화합니다. 각 주어별로 -is, -is, -it, -issons, -issez, -issent로 어미만 바꿔 주면 돼요.

2군 동사의 인칭별 변화 어미			
Je	-is	Nous	-issons
Tu	-is	Vous	-issez
Il / Elle	-it	Ils / Elles	-issent

앞에서 배운 finir 동사를 통해 2군 규칙 동사 어미 변화를 다시 한번 볼까요?

끝나다, 끝내다: finir (2군 동사)			
Je	fin**is**	Nous	fin**issons**
Tu	fin**is**	Vous	fin**issez**
Il / Elle	fin**it**	Ils / Elles	fin**issent**

시간 말하기

'~시(에)'를 말할 때는 전치사 à와 함께 '숫자 + heure(s)'를 써요!

그는 2시에 일이 끝나.   Il finit son travail à deux heures.
　　　　　　　　　　　일 f피니 쏭　　트하v바이 아 되z죄ㅎ

☑ ATTENTION !　2시 이상을 말할 때는 heure에 s를 붙여요!

숫자는 Lv. 2에서 자세히 다룰 예정이에요. 우선 아래 3개 시간 표현만 먼저 연습해 볼까요?

2시에	à deux heures 아　　되z죄ㅎ
10시에	à dix heures 아　　디z죄ㅎ
18시에	à dix-huit heures 아　　디z즈위뙤ㅎ

 **오늘의 핵심 표현**

책 다 읽어 가.
(나는 내 책을 끝낸다.)

Je finis mon livre.
쥬 f피니 몽 리v브ㅎ

책 다 읽어 가?
(너는 네 책을 끝내?)

Tu finis ton livre ?
뛰 f피니 똥 리v브ㅎ

그는 10시에 그의 일이 끝나.

Il finit son travail à dix heures.
일 f피니 쏭 트하v바이 아 디z죄ㅎ

그녀는 18시에 그녀의 일이 끝나.

Elle finit son travail à dix-huit heures.
엘 f피니 쏭 트하v바이 아 디z즈위뙤ㅎ

우리는 곧 회의가 끝나.

Nous finissons la réunion bientôt.
누 f피니쏭 라 헤위니옹 비앙또

(당신) 곧 회의 끝나나요?

Vous finissez la réunion bientôt ?
v부 f피니쎄 라 헤위니옹 비앙또

그들은 밥 다 먹어 가.

Ils finissent leurs repas.
일 f피니쓰 뢰ㅎ 흐빠

그녀들은 밥 다 먹어 가.

Elles finissent leurs repas.
엘 f피니쓰 뢰ㅎ 흐빠

나는 일찍 끝나.

Je finis tôt.
쥬 f피니 또

그는 곧 끝난대?

Il finit bientôt ?
일 f피니 비앙또

커피 거의 다 드셨어요?
(당신의 커피를 끝내세요?)

Vous finissez votre café ?
v부 f피니쎄 v보트ㅎ 꺄f페

VOCABULAIRE

bientôt 곧, 또 | **tôt** 일찍

Leçon **33** 나 늦게 끝나. Je finis tard.

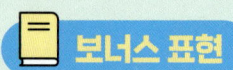 **보너스 표현**

 나 일 늦게 끝나.
Je finis mon travail tard.
쥬 f피니 몽   트하v바이 따ㅎ

 나 회의 늦게 끝나.
Je finis ma réunion tard.
쥬 f피니 마 헤위니옹   따ㅎ

 오늘의 회화 완성!

 그녀는 늦게 끝나?
Elle finit tard ?
엘   f피니 따ㅎ

 응, 항상!
Oui, toujours !
위   뚜쥬ㅎ

 저런, 힘들겠네.
Oh là là ! C'est dur.
올랄라   쎄   뒤ㅎ

 **잠깐 복습!**

1 나는 수업이 몇 시에 끝나는지 문장을 완성해 보세요.

　　_____ mon cours à seize heures.
　　* cours (n.m.) 수업

2 빈칸에 알맞은 말을 넣어 문장을 완성하세요.

　　그녀는 18시에 일을 끝낸다. → _____ à dix-huit heures.

3 다음 문장을 프랑스어로 쓰고 발음해 보세요.

　　그들은 그들의 식사를 끝낸다.
　　→ _____

4 다음 문장을 Vous 주어로 바꿔 쓰세요.

> Nous finissons la réunion bientôt.

　→ _____

5 다음 문장을 프랑스어로 쓰고 발음해 보세요.

　　나는 책 다 읽어 가. (나는 내 책을 끝낸다.)
　→ _____

LEÇON 34

음원바로듣기

내 가방 여기에 둘게.
Je mets mon sac ici.

오늘의 목표

- mettre 동사의 현재 시제 동사 변화
- 3군 동사 전체 복습
- 남성 제2형 형용사

오늘의 어휘

설탕	sucre (n.m.) 쉬크ㅎ	얼음	glaçon (n.m.) 글라쏭
유니폼, 교복	uniforme (n.m.) 위니f포ㅎ므	새로운	nouveau 누v보

✓ ATTENTION! sucre(설탕), glaçon(얼음)은 주로 부분 관사와 함께 사용해요!

오늘의 핵심 내용

mettre 동사

'놓다', '넣다', '두다', '입다' 등을 의미하며, 영어의 put과 비슷해요. 3군 불규칙 동사예요.

놓다, 넣다, 두다, 입다 등: mettre (3군 불규칙 동사)			
Je 쥬	**mets** 메	Nous 누	**mettons** 메똥
Tu 뛰	**mets** 메	Vous v부	**mettez** 메떼
Il / Elle 일 엘	**met** 메	Ils / Elles 일 엘	**mettent** 메뜨

3군 동사

프랑스어 3군 동사는 규칙 변화하는 1군, 2군과 달리 불규칙하게 변화하는 동사들이에요. 주로 -re, -oir, -ir로 끝나며 변화 형태가 일정하지 않아요. 지금까지 배운 중요한 3군 동사들을 전체적으로 복습해 봅시다.

▶ ~이다: être

Je	**suis**	Nous	**sommes**
Tu	**es**	Vous	**êtes**
Il / Elle	**est**	Ils / Elles	**sont**

▶ ~를 가지고 있다: avoir

J'	ai	Nous	avons
Tu	as	Vous	avez
Il / Elle	a	Ils / Elles	ont

▶ 가다: aller

Je	vais	Nous	allons
Tu	vas	Vous	allez
Il / Elle	va	Ils / Elles	vont

▶ 오다: venir

Je	viens	Nous	venons
Tu	viens	Vous	venez
Il / Elle	vient	Ils / Elles	viennent

▶ 먹다, 마시다, 타다, 취하다: prendre

Je	prends	Nous	prenons
Tu	prends	Vous	prenez
Il / Elle	prend	Ils / Elles	prennent

▶ 놓다, 넣다, 두다, 입다: mettre

Je	mets	Nous	mettons
Tu	mets	Vous	mettez
Il / Elle	met	Ils / Elles	mettent

3군 동사의 어미 패턴

3군 동사는 일정한 규칙을 가지고 있지 않지만, 어느 정도의 어미 패턴을 보이는 동사들이 존재해요. 3군 동사의 1/2/3인칭 복수형은 대부분 1, 2군 동사처럼 -ons/-ez/-ent로 끝나요. 1/2/3인칭 단수형도 일정한 패턴을 갖는 경우가 많아요.

prendre, mettre 동사는 아래의 어미 패턴을 보여요.

Je	-s	Nous	-ons
Tu	-s	Vous	-ez
Il / Elle	-	Ils / Elles	-ent

venir, boire, devoir 동사는 아래의 어미 패턴을 보여요.

Je	-s	Nous	-ons
Tu	-s	Vous	-ez
Il / Elle	-t	Ils / Elles	-ent

Leçon **34** 내 가방 여기에 둘게. Je mets mon sac ici.

그 밖에 아래와 같이 변화하는 3군 동사들도 있어요. vouloir, pouvoir 동사의 1/2/3인칭 단수형은 아래 변화형 중 -x/-x/-t 변화형을 보여요.

Je	-x	-e	Nous	-ons
Tu	-x	-es	Vous	-ez
Il / Elle	-t	-e	Ils / Elles	-ent

새로운 모양의 형용사

형용사 beau(아름다운)와 nouveau(새로운)는 모음이나 무성 h로 시작하는 남성 단수 명사 앞에서 각각 bel, nouvel로 바뀌어요. 앞서 학습한 성·수 변화와는 다른 모양이니 주의해서 살펴보세요.

멋진 남자   **bel** homme
                              벨롬ㅁ

예쁜(멋진) 유니폼   **bel** uniforme
                              벨뤼니f포ㅎ므

새로운 호텔   **nouvel** hôtel
                              누v벨로뗄

새로운 유니폼   **nouvel** uniforme
                              누v벨뤼니f포ㅎ므

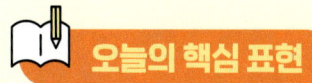 **오늘의 핵심 표현**

내 가방 여기에 둘게.	**Je mets mon sac ici.** 쥬 메 몽 싹 이씨
네 가방 여기에 둘 거야?	**Tu mets ton sac ici ?** 뛰 메 똥 싹 이씨
그는 설탕을 넣는다.	**Il met du sucre.** 일 메 뒤 쒸크ㅎ
그녀는 그녀의 커피에 설탕을 넣는다.	**Elle met du sucre dans son café.** 엘 메 뒤 쒸크ㅎ 덩 쏭 꺄f페
우리는 책을 놓는다/둔다/넣는다.	**Nous mettons le livre.** 누 메똥 르 리v브ㅎ
책을 가방 안에 넣으시네요.	**Vous mettez le livre dans votre sac.** v부 메떼 르 리v브ㅎ덩 v보트ㅎ 싹
나는 멋진 유니폼을 입는다.	**Je mets un bel uniforme.** 쥬 메 앙 벨뤼니f포ㅎ므
너는 새로운 유니폼을 입니?	**Tu mets un nouvel uniforme ?** 뛰 메 앙 누v벨뤼니f포ㅎ므
그들은 얼음을 넣는다.	**Ils mettent des glaçons.** 일 메뜨 데 글라쏭
나는 소금 넣을게.	**Je mets du sel.** 쥬 메 뒤 쎌
너 소금 넣을래?	**Tu mets du sel ?** 뛰 메 뒤 쎌
그는 그의 커피에 우유를 넣는다.	**Il met du lait dans son café.** 일 메 뒤 레 덩 쏭 꺄f페
당신의 차(tea)에 우유 넣으세요?	**Vous mettez du lait dans votre thé ?** v부 메떼 뒤 레 덩 v보트ㅎ 떼

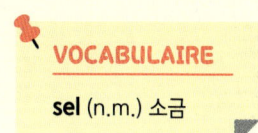

VOCABULAIRE

sel (n.m.) 소금

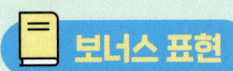 **보너스 표현**

 나 식탁 차려.
Je mets la table.
쥬 메 라 따블르

 너 식탁 차려?
Tu mets la table ?
뛰 메 라 따블르

 **오늘의 회화 완성!**

 설탕 넣을래?
Tu mets du sucre ?
뛰 메 뒤 쒸크ㅎ

 나 두 스푼 넣을래.
Je mets deux cuillères.
쥬 메 되 뀌이예ㅎ

 나는 아예 안 넣어야지.
Moi, pas du tout.
무아 빠 뒤 뚜

1 다음 문장을 프랑스어로 쓰고 발음해 보세요.

그는 그의 커피에 설탕을 넣는다.

➔ _____

2 다음 문장을 프랑스어로 쓰고 발음해 보세요.

그녀들은 얼음을 넣는다.

➔ _____

3 빈칸에 알맞은 동사와 형용사를 넣어 문장을 완성하세요.

1) 너는 새로운 유니폼을 입니? ➔ Tu _____ un _____ uniforme ?

2) 나는 멋진 유니폼을 입는다. ➔ Je _____ un _____ uniforme.

4 다음 프랑스어 단어들을 올바른 순서로 배열해 문장을 완성하세요.

---
sac / mettons / livre / le / dans / nous / notre

우리는 책을 우리의 가방 안에 넣는다.

➔ _____

LEÇON 35

30~34강 복습
Révision

음원 바로 듣기

오늘의 목표

- prendre, adorer, finir, mettre 동사 복습
- prendre 동사만 활용해 하루 일과 말하기

오늘의 어휘

| 책 | livre (n.m.)
리v브ㅎ | 목욕 | bain (n.m.)
방 |

다음 한국어 뜻에 맞는 프랑스어 문장을 고르세요.

1 나 아침 식사 해.

  A. Je prends le dîner.

  B. Je prends le petit-déjeuner.

  C. Je bois le petit-déjeuner.

2 버스 타시는 거예요?

  A. Vous prenez le bus ?

  B. Vous prenez le métro ?

  C. Vous prenez l'avion ?

3 오래 걸려?

  A. C'est loin ?

  B. Ça prend une heure.

  C. Ça prend longtemps ?

4 너 눈을 정말 좋아하는구나.

  A. Tu adores la neige.

  B. Tu adores peindre.

  C. Tu adores la montagne.

5 네 신발 엄청 예쁘다! (네 신발이 정말 좋아.)

  A. J'adore ton collier.

  B. J'adore tes chaussures.

  C. J'adore ta chaussure.

6 나 곧 회의 끝나.

  A. Je finis ma réunion bientôt.

  B. Je commence ma réunion.

  C. Je finis mon livre bientôt.

7 그녀는 일이 늦게 끝나.

  A. Elle finit ses devoirs.

  B. Elle finit son travail tard.

  C. Elle finit son repas.

8 내 가방 여기에 둘게.

  A. Je mets mon sac ici.

  B. Je mets mon livre ici.

  C. Je mets mes chaussures ici.

9 네 커피에 얼음 넣을래?

    A. Tu mets du sel dans ton café ?

    B. Tu mets du sucre dans ton café ?

    C. Tu mets des glaçons dans ton café ?

10 너 샤워 중이야?

    A. Ils prennent une douche ?

    B. Tu es en train de prendre un repas ?

    C. Tu es en train de prendre une douche ?

답: 1 B | 2 A | 3 C | 4 A | 5 B | 6 A | 7 B | 8 A | 9 C | 10 C

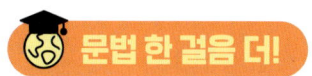 **문법 한 걸음 더!**

prendre 동사 활용해 일과 말하기

prendre 동사는 다양한 뜻으로 사용되는 만능 동사였죠. 하루 일과를 prendre 동사를 활용하여 표현할 수 있어요.

▶ 잡다

기본적인 '잡다', '쥐다'의 뜻으로 사용할 수 있어요.

나는 책을 한 권 집어 든다.　　　**Je prends un livre.**
　　　　　　　　　　　　　　　쥬　프헝　앙　리v브ㅎ

▶ 먹다, 마시다

음식이나 음료, 약 등 무언가를 섭취할 때 사용할 수 있어요.

나는 커피 한 잔을 마신다.　　　**Je prends un café.**
　　　　　　　　　　　　　　쥬　프헝　앙　꺄f페

▶ (행동을) 취하다

활동 표현을 넣어 행위를 말할 수 있어요.

나는 샤워를 한다.　　　**Je prends une douche.**
　　　　　　　　　　쥬　프헝　윈　두슈

▶ (대중교통을) 타다

대중교통을 이용할 때 사용할 수 있어요.

나는 버스를 탄다.　　　**Je prends le bus.**
　　　　　　　　　　쥬　프헝　르　뷔ㅅ

 **표현 한 걸음 더!**

나는 샤워를 한다.	**Je prends une douche.** 쥬 프헝 윈 두슈
나는 아침을 먹는다.	**Je prends le petit-déjeuner.** 쥬 프헝 르 쁘띠 데죄네
나는 시간을 좀 갖는다.	**Je prends mon temps.** 쥬 프헝 몽 떵
나는 버스를 탄다.	**Je prends le bus.** 쥬 프헝 르 뷔스
나는 회사에서 점심을 먹는다.	**Je prends le déjeuner au travail.** 쥬 프헝 르 데죄네 오 트하v바이
나는 약을 먹는다.	**Je prends un médicament.** 쥬 프헝 앙 메디꺄멍
나는 저녁을 먹고 목욕을 한다.	**Je prends un bain après le dîner.** 쥬 프헝 앙 방 아프헤 르 디네
나는 책을 한 권 집어 든다.	**Je prends un livre.** 쥬 프헝 앙 리v브ㅎ

MEMO

LEÇON 01

1.
Je	suis
Tu	es
Il / Elle	est

2. (예시 답안) Je suis Joomière.

3. Je suis étudiant(e).

4. ②

LEÇON 02

1. 1) étudiants
   2) avocats

2. Vous êtes étudiant(e)(s) ?

3. Je suis touriste.

4. ④

LEÇON 03

1. 1) Tu es fatigué(e) ?
   2) Vous êtes libre(s) ?
   3) Ils sont occupés ?

2. Je suis fatigué(e).

3. Elles sont stressées.

4. 1) Ils sont libres.
   2) Elles sont occupées.

LEÇON 04

1. 1) C'est facile.
   2) C'est important.

2. 1) Ce n'est pas vrai.
   2) Ce n'est pas possible.

3. ③

LEÇON 05

1. 1) un
   2) une
   3) des

2. 1) C'est un café.
   2) C'est une surprise.

3. 1) Ce sont des films.
   2) Ce sont des cadeaux.

4. 1) C'est une histoire.
   2) Ce n'est pas un film.
   3) Ce n'est pas Océane.

LEÇON 06

1. 1) une voiture verte
   2) des cadeaux chers

2. 1) bonne
   2) petite
   3) chère

3. 1) verts
   2) drôles
   3) tristes

4 Ce sont des voitures vertes.

5 ②

6 1) Ce n'est pas un film drôle.
   2) Ce ne sont pas des cadeaux chers.

7 1) C'est un bon café.
   2) C'est une petite surprise.

8 ①

LEÇON 07

1 ②

2 Que vous êtes gentil(le) !

3 Quel beau jour ! C'est magnifique !

4 Comme il est joli, ton pull !

LEÇON 08

1

J'	ai	Nous	avons
Tu	as	Vous	avez
Il / Elle	a	Ils / Elles	ont

2 1) ai
   2) as
   3) avez

3 ①

4 ③

5 ②

6 1) J'ai une voiture.
   2) J'ai un petit problème.
   3) Elles ont un frère.
   4) J'ai une fille.

LEÇON 09

1 avoir

2 ②

3 ②

4 ①

5 J'ai envie de vacances.

6 ②

7 ②

8 J'ai toujours besoin de vacances.

LEÇON 10

1 ②

2 ②, Il y a un truc violet.

3 Il y a une voiture noire.

4 A: Il y a quoi ?
   B: Il y a un portable dans mon sac.

LEÇON 12

1

Je	porte	Nous	portons
Tu	portes	Vous	portez
Il / Elle	porte	Ils / Elles	portent

2 ③

3 Je porte un jean.

4 ①

LEÇON 13

1.

남성 단수	여성 단수	복수(남성, 여성)
le	la	les

+ l'

2. ①

3. Tu aimes la mer ?

4. Ils aiment le vin ?

6. Vous habitez où ?

7. (예시 답안) J'habite à Séoul.

LEÇON 14

1. J'aime marcher.

2. ②

3. 1) Ce resto, c'est mon truc.
   2) Elle est fan de cette musique.

4. (예시 답안)
   J'aime chanter.
   Je kiffe ce resto.
   Cette robe, c'est mon truc.

LEÇON 15

1.

J'	habite	Nous	habitons
Tu	habites	Vous	habitez
Il / Elle	habite	Ils / Elles	habitent

2. ③

3. ②

4. 1) Tu habites tout seul ?
   2) Tu habites toute seule ?

5. ①

LEÇON 16

1. 1) Je vais au travail.
   2) Vous allez à la piscine ?

2. ③

3. Tu vas où ?

4. (예시 답안) Je vais à l'aéroport aujourd'hui.

LEÇON 17

1. 1) Je vais aller en France.
   2) Je vais aller au Japon.
   3) Je vais regarder la télé.
   4) Je vais étudier.

2. ③

3. (예시 답안) Je vais partir demain.

4. (예시 답안) Je vais aller à Paris.

LEÇON 18

1. 1) Je viens de Corée.
   2) Je viens du Japon.

2. 1) Je viens du travail.
   2) Je viens de l'hôpital.

3. ②

4. (예시 답안) Je viens de Corée.

LEÇON 19

1 ④

2 ③

3 ②

4 ③

5 1) Je viens de manger un steak.
   2) Elles viennent de partir il y a cinq minutes.
   3) Vous venez de finir.

6 ②

LEÇON 20

1 1) Je suis en train de travailler.
   2) Il est en train de prendre une douche.

2 ②

3 Je suis en train de travailler dans la chambre.

4 Vous êtes en train de prendre un repas ?

5 ③

6 Elles sont encore en train de travailler.

7 ①

8 (예시 답안)
   Je suis en train d'étudier le français.

LEÇON 22

1 ①

2 Nous mangeons du pain avec de la confiture.

3 Vous mangez du poulet ?

4 (예시 답안) Je mange du pain.

LEÇON 23

1 ②

2 buvez

3 (예시 답안) Je bois souvent du café.

4 (예시 답안) Je ne bois pas de lait.

5 ②

6 ne / pas / de

7 ①

8 Nous buvons souvent du lait.

LEÇON 24

1 ①

2 ③

3 Je mange un pain au chocolat.

4 mangeons / aux pommes

5 Je mange un pain au chocolat avec un café au lait.

6 Vous mangez un sandwich au poulet.

7 ③

LEÇON 25

1 ①

2 1) ②, Ils veulent du pain. / Il veut du pain.
   2) ①

3 Je veux une serviette.

4 veulent / fourchettes

5 Je veux du pain avec du beurre.

6 ①

7 ②

8 ②

LEÇON 26

1 rester

2 ①

3 1) ①
   2) ②, Je veux acheter un cahier.

4 Nous voulons chanter tous les jours.

5 Tu veux rester à la maison tous les jours ?

6 Vous voulez acheter une trousse ?

7 Je veux acheter un cahier.

8 ②

9 ②

LEÇON 27

1 ①

2 Tu peux fermer la porte ?

3 Je peux essayer ce pantalon ?

4 Ils peuvent parler français.

5 Je peux utiliser une chaise ?

LEÇON 28

1 ①

2 Nous devons préparer le dîner.

3 Ils doivent aller au travail.

4 Vous devez faire les devoirs.

5 Elles doivent partir maintenant.

LEÇON 30

1 1) prends
   2) prenons
   3) prennent

2 Je prends le petit-déjeuner.

3 ②

4 1) 나는 버스를 타.
   2) 그는 디저트를 먹는다.
   3) 우리는 지하철을 탄다.

LEÇON 31

1. ③
2. Ça prend une heure.
3. Ça prend combien de temps pour aller au travail ?
4. Ça ne prend pas longtemps.

LEÇON 32

1.
   1) mon collier
   2) notre chat
   3) ta robe
   4) vos lunettes
   5) son pull
   6) leur pantalon
2. ③
3. J'adore ta veste !
4. J'adore la mer.
5.
   1) ton
   2) sa
6. ②, J'adore mon histoire.
7.
   1) peindre
   2) faire du piano

LEÇON 33

1. Je finis
2. Elle finit son travail
3. Ils finissent leurs repas.
4. Vous finissez la réunion bientôt.
5. Je finis mon livre.

LEÇON 34

1. Il met du sucre dans son café.
2. Elles mettent des glaçons.
3.
   1) mets / nouvel
   2) mets / bel
4. Nous mettons le livre dans notre sac.

시원스쿨닷컴